岩 波 文 庫
33-261-2

真の独立への道

(ヒンド・スワラージ)

M. K. ガーンディー著
田 中 敏 雄 訳

JN276367

岩 波 書 店

Mohandas Karamchand Gandhi

HIND SVARAJ

1910

目次

序　文

この問題について、二〇章書きましたが、それを読者の前にあえて公表しようとしています。

居ても立ってもいられなくなって、書いたのです。さまざまな書物を大いに読みましたし、大いに考えました。さらに、私はイギリスで*トランスヴァール使節団の一員として*四ヶ月滞在しましたが、その期間に会えるだけのインド人と一緒に考えましたし、会えるだけのイギリス人にも会いました。そして、私にとって最終的と思えた考えを公表するのが、自分の義務と考えました。

『*インディヤン・オピニオン』紙の*グジャラート出身の購読者数は八〇〇ぐらいです。一人一人の購読者には、少なくとも一〇人の熱心な読者がいる、と私は経験上知っています。*グジャラーティー語を知らない人たちは、他人に読んでもらって聞いています。このような兄弟たちが私にインドの状態についてたくさんの質問をしました。同じような質問がイギリスでも出ました。それで、私の個人的な考えを公けにするのも、不適当とされないと思えました。

ここに示した考えは、私のものであり、私のものではありません。私のものというのは、私がそれに従って行動したいと思っているからです。私の魂の一部になっているようなものです。私のものではないというのは、私だけが考えたものではないからです。何冊もの本を読んだ後で形成されたのです。私が自分の心の中で見ていたものがその本で支持されました。

私が読者に示す見解は、いうまでもありませんが、インドで文明に汚染されていない多くのインド人たちの考えと同じです。しかし、まさにそのように、ヨーロッパの何千何万の人たちが考えていると、典拠*を示して私は読者の心を十分に説得したいと思います。時間のある人はそれらの本を読んでください。私に時間があれば、それらの本の一部を読者に示したいと思っています。

『インディヤン・オピニオン』紙の読者やほかの人たちが、私の書いたものを読み意見を寄せてくだされば、ありがたいと思います。

目的はただ国に奉仕すること、真理を探求すること、真理に従って行動することです。

ですから、私は、私の考えが誤りと分かれば、固執はしません。正しいとなれば、それに従ってほかの人たちも行動するよう、インドのために当然のことながら願います。

読みやすくするため、これを読者と編集長の対話の形にしました。

モーハンダース・カラムチャンド・ガーンディー

一九〇九年一一月二二日　キルドナン・カースル号上にて

一　国民会議とその指導者たち*

読　者　現在、インドでは自治の風が吹いています。すべてのインド人が独立を熱望しています。南アフリカでも同じような気持が広がっています。インド人にさまざまな権利を獲得しようとする強い気持が見られます。このことについてあなたの考えをお聞かせくださいませんか？

編集長　あなたはいい質問をしましたが、答えは容易ではありません。新聞の役割の一つは、人々の気持を知り、それを発表することです。第二の役割は、人々に、必要とされるある気持を生み出すことです。第三の役割は人々に誤りがあれば、たとえどんなに困難であろうとも、容赦なく示すことです。あなたの質問への答えはこの三つの役割を同時に果たすことになります。人々の気持はある程度まで示さなければなりません。気持がなければ、生み出す努力をしなければなりません。誤りがあれば、非難しなければなりません。それでもあなたが質問したので、それに答えるのが私の義務と思われます。

読　者　自治を願う気持がインドに生まれていると、あなたは本当に見ていますか？

編集長　それは国民会議が設立されたときから見られていることです。「国民」の意味がまさにその気持を伝えています。

読　者　あなたがいわれたことは、正しいとは思えません。現在、国民会議を若いインド人たちは評価していませんし、会議はイギリス統治を持続させる道具だとみています。

編集長　若者のそのような考えは正しくありません。インドの祖父*ダーダーバハーイーが土壌を用意してくださらなかったとしたら、若者が今日、口にしていることもいえなかったでしょう。*ヒューム氏が書いたものが私たちを励まし、私たちを大いに目覚めさせてくれたことは、どうして忘れられるでしょうか？　*サー・ウィリアム・ウェダーバーンは、自分の身も心も富も会議の目的達成のために投じたのでした。この方がイギリス統治について書いたものは、今日でも読むに値します。*ゴーカレー教授は国民形成のために、自身の二〇年間を、乞食のような状態で生活し捧げたのです。現在でも教授は貧しい生活をしています。会議によって自治の種子を播《ま》いた人に、故*バダルッディーン判事もいました。このようにベンガル、マドラース、パンジャーブなどに、会議とインドの国益を願うインド人と同じように、白人もいたことを覚えておかなければなりません。

読　者　待ってください。待ってください。あなたはずっと先へと行ってしまいました。あなたは私の質問とは別の返答をなさっている。私は自治の話をしているのに、あなたは外国統治の話をしている。あなたはイギリス人たちの名前を挙げだした。私はイギリス人の名前なんか聞きたくありません。こんなでは私たちの車が軌道に乗るようには思えません。私に自治の話だけをしてくださると嬉しいのですが。自治以外の博識ぶった話では満足しません。

編集長　あなたはせっかちになっていますね。私はせっかちにはなれませんよ。あなた、ちょっと我慢をすれば、必要とするものは手に入りますよ。「あせってはマンゴーは熟さない」この諺《ことわざ》を覚えておきなさい。あなたは話を遮《さえぎ》ったし、インドの恩人の話を聞きたくないという。それはまだ、あなたにとって自治は遠いことを示すものです。あなたのようなインド人が多くなると、私たちは先へと進めません。これはちょっと考えねばならないことです。

読　者　そのように混乱させるようなことをいって、あなたは私の質問を吹き飛ばしたいようですね。あなたがインドの恩人という人を、私は認めません。それに私は誰の恩義の話を聞かなければならないのですか？　あなたがインドの祖父という人が、どんな恩をかけてくれたというのですか？　この人は、イギリスの統治者は正義を行う、協力しなければならない、といっているんですよ。

編集長　私はあなたにきわめて控えめにいわなければなりませんが、この偉人についてあなたが無礼に語るのは、私たちにとって恥ずべきことなのです。この方の活動に目を向けてください。生涯をインドに捧げたのですよ。この方から私たちは学んだのです。インドの血液をイギリス人たちが吸ったと教えた人は、尊敬すべきダーダーバハーイーです。今日、イギリス人たちを信頼しているからといってどうだというのです？　私たちが若者の情熱で一歩、前進したら、それでダーダーバハーイーに対する尊敬の念は少なくなるというのですか？　それで私たちはずっと賢者になったというのですか？　登った梯子《はしご》の段を蹴らないのが賢明です。もし、その段を蹴れば、梯子全体を倒してしまう、これは覚えておかなければなりません。私たちが少年期から青年期に入るとき、少年期を軽蔑したりしないものです。それどころかその日々をいとおしんで思い出すものです。多年にわたって研究した人が私に教え、その基礎の上に私がもう少し知るようになったとしても、私が先生よりずっと賢者になったことにはなりません。先生に敬意を払わなければなりません。それと同じようにインドの祖父について理解するのが正しいのです。祖父の後にインド国民がいると私はいわなければなりません。

読　者　あなたのおっしゃった通りです。ダーダーバーイー氏に敬意を払わなければならない、これは理解できます。氏と氏のような偉人たちの活動がなかったら私たちが今日、感じている情熱はなかった、それはその通りだと思います。しかし、ゴーカレー教授についてはどうでしょうか？　その人はイギリス人の親友になっていますよ。イギリス人たちから我々は大いに学ばなければならない、イギリス人たちの政治を知ってから自治の話をするように、といっています。氏の演説にはうんざりしてしまっています。

編集長　うんざりしてしまっているのは、あなたの気短な性格を示すものです。しかし、もし若者たちが自分の両親の気長な性格にうんざりし、両親が一緒に走らないと怒るのは、両親を軽んじることになると、私たちは信じます。それと同じようにゴーカレー教授について理解しなければなりません。ゴーカレー教授は私たちと一緒に走らない、それでどうだというのです？　自治を享受しようと望む国民は長老たちを軽蔑してはいけません。敬意を払う気持がなくなると、私たちはだめになってしまいます。自治は成熟した人たちが享受できるもので、奔放な人たちはできません。それにいいですか、ゴーカレー教授が自分自身をインドの教育のために捧げたとき、教授のようなインド人が何人いましたか？　私は強く信じているのですが、ゴーカレー教授が行うことはなんでも、純粋な気持からインドの国益と信じてしているのです。もし、インドのために自分の命を捧げなければならなくなれば捧げるほど、教授にはインドへの愛国心があるのです。教授は誰かに媚びていうのではなくて、真実だと信じていうのです。ですから、教授に対し、私たちの心には崇拝の念がなければなりません。

読　者　では、氏のいう通りに私たちもしなければならないのですか？

編集長　私はそんなことなにもいっていませんよ。私たちが純粋理性で別の考えを持っているのなら、その考えに従って行動するよう、教授自身が助言するでしょう。私たちが教授の活動を非難しないこと、教授が私たちより偉大であると認めること、教授に比べると、私たちはインドのためになにもしていないと信ずること、教授についていくつかの新聞は貶めるようなことを書いているが、それを非難すること、教授のような方々を自治の柱とすることが、私たちの主な目的です。他人の考えは誤りで、私たちの考えだけが正しい、また、私たちの考えに従わない者は国の敵である、このように見なすことは悪い癖です。

読　者　私はいま、あなたのおっしゃっていることが少し分かるようになっています。それでも私はこれについて考えなければならないでしょう。しかし、ヒューム氏とサー・ウィリアム・ウェダーバーンなどについて、あなたがおっしゃったことは度が過ぎています。

編集長　インド人についていえることはイギリス人にも当てはまります。イギリス人全部が悪いと私は思いません。多くのイギリス人はインドが自治を達成するように望んでいます。イギリス国民に利己心が強いのはたしかですが、それだからといって一人一人のイギリス人が悪いということにはなりません。権利——公正——を要求する者はすべてに対して公正にしなければなりません。サー・ウィリアムはインドに悪意を持つ人でない、これだけで私たちには十分です。先に進むにつれて分かるでしょう。あなたは分かるでしょうが、私たちが公正な態度を取ればインドは早く自由になるでしょう。しかし、もしイギリス人たちに公すべてのイギリス人を憎めば自治は遠のくでしょう。しかし、もしイギリス人たちに公正な態度を取れば、自治の達成にイギリス人たちの助力を受けることになるでしょう。

読　者　いま、このすべてが、私には長々としたおしゃべりに思えます。イギリス人の助力を受ける、自治を達成する、あなたは相反することをおっしゃった。自治とイギリス人の助力となんの関係があるのですか？　でもこの問題の解決はいまの私にはいりません。それに時間をかけるのはむだなことです。自治がどのように達成されるか、あなたが示してくださったときに、私があなたの考えが理解できればよいのですが。いま、あなたはイギリス人の助力のことを話して、私に偏見を持たせてしまいましたし、あなたの考えを疑うようになってしまいました。ですから、この話を長びかせないでくださるといいのですが。

編集長　私はイギリス人のことを長々と話したいとは思いません。あなたが偏見を持つようになったのも気にしていません。気にさわるようなことをいわなければならないのなら、最初から伝えた方がよいと考えます。あなたの偏見を忍耐強く取り除くのが私の義務です。

読　者　あなたのそのことばは私には気に入りました。それで私が正しいと思えることを話す勇気が出てきました。まだ一つ疑問があります。会議の発足によって自治の土台が置かれたとおっしゃるのは、どうしてですか?

編集長　聞きなさい。会議が各地のインド人たちを集めて、「一つの国民である」との熱情を与えたのです。会議を政府は厳しく監視していました。会議はいつも、税に関する権利は国民になければならないと要求していました。カナダのような自治を会議はいつも望んでいました。カナダでのような自治が達成されるかされないか、カナダでのような自治でなければならないかそうでないか、それよりももっとよいほかのものがあるかどうか、これは別の問題です。私が示したいのはこれだけなのですが、会議は自治の味をインドに味わわせたいのです。ほかの誰かが会議の功績を取ろうとしたら正しいとはされませんし、同じように私たちが思ったら、恩知らずとされるでしょう、そればかりではありません、私たちの目的を達成するのに困難な問題が起こるでしょう。会議を除外し、会議は自治に反するものとしては、私たちは会議を利用できません。

二　ベンガル分割*

読　者　あなたのおっしゃっていることに従って考えますと、会議によって自治の土台が置かれた、これは正しいように思われます。しかしそれは真の目覚めといえない、このようにあなたは認めなければなりません。真の目覚めは、いつ、どのようにして始まったのですか？

編集長　種子はいつも見えないものです。種子は自分の役目を地面の下で果たし、自身が形をなくすとき木として地面の上に見られるものです。そのように会議について理解すべきです。あなたが真の目覚めとしているものは、ベンガル分割によって始まりました。そのために私たちはカーゾン卿*に感謝しなければならないでしょう。ベンガル分割のとき、ベンガルの人たちはカーゾン卿に大いに嘆願しましたが、卿は権力の驕りでまったく意に介しませんでした。卿はインド人すべておしゃべりはするが、ほかのことはなにもできないと思い込んでいたのでした。卿は侮辱的なことばを使いました。強引にベンガルを分割してしまいました。その日からイギリス帝国は分割されたとされます。ベンガル分割によってイギリス権力が受けた打撃は、ほかのどんな打撃よりも大きなものでした。この意味は、ほかの不公正は分割以下だということではありません。*塩税は小さい不公正ではけっしてありません。このようなほかの不公正を私たちはこれから先、たくさん見るようになるでしょう。しかしベンガル分割に反対しようと民衆は覚悟していました。民衆の感情はその当時、激しいものでした。そのとき、ベンガルでは大勢の指導者たちが自分のすべてを失う覚悟をしていました。自分の力を指導者たちは知っていました。それで火は突然、燃え上がったのです。それはもう消せるようなものではありませんし、消す必要はありません。分割は解消されるでしょうし、ベンガルは再び一つになるでしょうが、イギリス船に入った亀裂はそのまま残るでしょう。それは日増しに大きくなるでしょう。目覚めたインドが再び寝るようなことはありえません。分割を破棄させることは自治の要求と同じです。ベンガルの指導者たちはこれを正しく理解しています。イギリスの統治者たちもこれを理解しています。ですから分割は破棄されていないのです。日々が経過するにつれて国民は形成されるようになります。国民は一日で形成されるものではありません。何年も必要とします。

読　者　あなたは分割の結果をどのように見ましたか。

編集長　皇帝に請願し、請願して公正がえられなくても我慢しよう、さらに請願は続けよう、と今日まで私たちは考えてきました。分割後、請願の背後には力がなければならない、忍耐心がなければならない、と人々は分かったのです。この新しい精神は分割の主な結果とされます。その精神は新聞の論説に見られるようになりました。論説は厳しいものとなりました。人々が脅え、隠れていっていたことが公然と書かれるようになりました。国産品愛用運動が始まりました。イギリス人を見て子供や大人は逃げ出していましたが、いまでは怖れなくなりました。殴打されるのも怖れなくなりました。監獄に行くのも怖れなくなりました。そしてインド*の宝石のような息子が現在、流刑となっています。こうしたことは請願とは違ったものです。このようにして人々は動かされてきたのです。ベンガルの風は、北はパンジャーブまで、マドラース地方ではコモリン岬まで、達しているのです。

読　者　これ以外に、ほかのなにか知るべき結果は思いあたりませんか？

編集長　ベンガル分割でイギリスの船に亀裂が入ったように、私たちの間でも割れてしまっています。大きな出来事の結果はこのように大きなものとなるのです。私たちの指導者たちは二つの派に分かれてしまいました。一つは穏健派でもう一つは過激派、それを私たちは「漸進派」と「急進派」ともいえます。ある人たちは穏健派を憶病派、過激派を勇敢派ともいっています。すべての人は自分自身の考えに従ってその二語を解釈しています。分かれた二派の間に敵意も生まれてしまっています。一方は他方に不信感を持っていますし、双方は攻撃し合っています。*スーラトの国民会議年次大会ではほとんど乱闘となりました。二派に分裂したのは国にとってよい徴候ではないと私には思えます。しかし、このような派は長期にわたって続くものではないと私は信じています。どのくらい続くかは指導者たちしだいです。

三　不穏と不満

読　者　では、ベンガル分割をあなたは目覚めの原因と認められました。それによって広まった不安はよいとされるのでしょうか、それともそうではないのでしょうか？

編集長　人間は眠りから覚めても、寝ぼけていて、寝返りを打ち、落ち着いていないものです。すっかり目覚めるのには時間がかかるものです。それと同じように、ベンガル分割で目覚めましたが、寝ぼけはすっかり取れていなかったのです。まだ私たちは寝ぼけている状態にいるのです。まだ状態は落ち着いていないのです。眠りと目覚めの間の状態が必要なものとされなければならないし、それによってよいといわれるように、ベンガルとそれによるインドでの不安もよいといえます。不安であると私たちが知っていることから、安定の時の到来が可能となるのです。私たちは眠りから覚めていつまでも寝ぼけた状態にはいないものです。遅かれ早かれ私たちの力によってすっかり目覚めるものです。同じようにこの不安から私たちはきっと抜け出るでしょう。不安なんて誰も好きではありませんから。

読　者　不安の別の側面はなんでしょうか？

編集長　不安、実をいえば不満です。それを現在、私たちは「不穏」といっています。国民会議の時期にそれは「不満」といわれていました。ヒューム氏はインドに不満を広げる必要があるといつもいっていました。その不満はとても有益なものです。人間が現状に満足している間は、そこから脱け出るように説得するのは困難です。ですからあらゆる改革の前に不満がなければなりません。現状が嫌いになるようになれば、それを投げ出そうという気持になるものです。そのような不満を、私は偉大なインド人たちと同じようにイギリス人たちの本を読んで知ったのです。その不満から不穏が起こり、この不穏で、ある者は死に、ある者はすべてを失い、ある者は監獄に行き、ある者は流刑となったのでした。まだそのように続くでしょうし、そうでなければなりません。このすべての徴候はよいものとされます。しかしその結果が悪くもなるのです。

四　自治とはなにか

読　者　国民会議がインドを一つの国家とするためなにをしたか、ベンガル分割によってどのように目覚めたか、不満と不穏がどのように広がったかを知りました。さて、自治についてのあなたの意見を知りたいと思います。私たちの理解は違うのではないかと恐れていますが。

編集長　違いはありうることです。自治を求めて、あなたや私たちすべてが性急になっていますが、自治とはなにかについて、私たちは正しい見解に達してはいません。イギリス人たちを追い払う意見を、多くの人たちが口にしているのが聞かれますが、なんの理由でそうしなければならないかについて、正しく考えられていないように思えます。私はあなたに一つ質問します。もし私たちが要求するだけのものをイギリス人が与えるとしたら、それでもイギリス人を追い払う必要がある、とあなたは本当に思いますか？

読　者　私はイギリス人たちに一つだけ要求します。どうぞあなたは私たちの国から出て行ってください。この要求をイギリス人たちが受け入れ、出ていったけれども留まった、と後で誰かが誤訳しても私には異存ありません。そうしたらグジャラーティー語では、「行った」の語は「留まった」を意味するでしょう。

編集長　そうですか、イギリス人たちが要求に従って出て行ったとしましょう。その後で、あなたはどうしますか？

読　者　その質問の答えはいま出せません。後の状況ではどのように出て行くかしだいです。あなたがおっしゃるようにイギリス人たちが立ち去ったとしたら、イギリス人たちの体制を私たちは引き継ぎ、統治すると思います。イギリス人たちがそのまま立ち去ったら、私たちは軍隊などをそっくり手にしますから統治になんの支障もありません。

編集長　あなたはそう思うかも知れませんが、私は思いません。しかし、それについていまは、あまり論議したくありません。私はあなたの質問に答えなければならないのです。そのためにいくつか質問します。あなたはイギリス人をなんのために追い払いたいのですか？

読　者　なぜならば、イギリス人の統治で国は貧困になっていくからです。イギリス人は毎年、国から富を持って行きます。自分たちと同じ肌の人間に高い地位を与えます。

私たちをまったくの奴隷状態にしています。私たちに対して粗野な態度を取っていますし、私たちのことなど意に介していません。

編集長　もしイギリス人が富を外に持って行かないとしたら、私たちにていねいになり、私たちに高い地位を与えたら、イギリス人たちが住むのになんの異存もないとあなたは思いますか？

読　者　その質問は意味がありません。トラが自分の姿を変えたら、トラと親しくするのになんの損がある？　このような質問をあなたはなさいましたが、時間を無駄にするようなものです。もしトラが自分の性質を変えたら――イギリス人たちが自分の癖を捨てたら――、不可能なことを可能と信ずるのは人間のやり方とはいえません。

編集長　カナダのような政権、ボーアの人たちと同じような政権を私たちが獲得したとしたら？

読　者　それも意味のない質問です。カナダやボーアの人たちのように、私たちが武器弾薬を持っていたら、たしかにそうなります。しかし、カナダやボーアの人たちのような政権を私たちに与えたら、私たちは自国の旗を持ちます。日本のように、インドも自国の艦隊、自国の軍隊、自国の繁栄、そのときにこそ、インドは全世界に名を挙げるでしょう。

編集長　これはまた、あなたはすばらしい絵を描きましたね。それはこういうことになりますね。私たちはイギリス統治を必要とするが、イギリス人は必要としない。あなたはトラの性質が欲しいが、トラは欲しくない。つまり、あなたはインドをイギリスにしたいのですね。インドがイギリスになれば、インド、ヒンドスターンとはいわれずに、本当に、イギリス、イングリスターンといわれますよ。この自治は、私の考える自治ではありません。

読　者　私は自分で理解する自治を示したのです。私たちの受ける教育が、もしなにか役立つものであれば、私たちが読むスペンサー、ミルなど大著者の作品がなにか役立つものであれば、イギリス人の議会が議会の母親であるならば、疑いもなく思うのですが、私たちはその人たちを模倣しなければなりません。自国にほかの人を入れようとはしないように、私たちもそうしなければならないとさえ思います。それにイギリス人が自国でしたようなことは、まだほかの場所では見られていません。ですから私たちはそれを導入すべきです。しかしいまは、ご自分の考えを教えてください。

編集長　それはちょっと後で。私の考えはこの議論で自然と分かるようになります。

自治を理解するのは、あなたは容易と思っていますが、私には困難に思われます。ですからいまは、あなたが自治といっているものは実は自治ではない、これだけあなたを説得しようと努めます。

五　イングランドの状態

読　者　では、あなたのおっしゃったことから、イングランドの政治は正しくないし、私たちにとってふさわしくない、と私は推論します。

編集長　あなたの推論は正しいです。イングランドの今日の状態はまことに哀れむべきもので、インドがそのような状態にけっしてならないよう、私は神に祈っています。あなたが議会の母親といっているものは、子供を生めない女性であり娼婦です。この二つのことばは激しいものですが、よく当てはまります。私は子供を生めない女性といいました、というのは、いままで議会自身一つとしてよいことを生み出さなかったからです。もし議会に圧力をかける者が誰もいなければ、なにもしないというのが議会の本来の状態です。そして議会が娼婦であるというのは、内閣が議会を開くと、議会は内閣の下にいるからです。今日、議会の主人が*アスキスであるとすると、明日は*バルフォア、そしてあさっては三人目。

読　者　これはまた、あなたは少し皮肉をこめていわれましたね。子供を生めない女性のことばは当てはまりませんよ。議会は人々が作ったものですから、人々の圧力の下で機能するものです。それこそが議会の特質であり、議会を統制しているのです。

編集長　それはたいへんな誤りです。もし議会が子供を生めない女性でないなら、こうならなければなりませんね。人々は議会に最良の議員を選挙して送る。議員は無給*で行くから社会福祉のために行かなければならない。人々は教育があるとされているから、誤りをしないと私たちは認めなければならない。このような議会に請願書は必要ないし、議会に圧力をかける必要はない。議会の活動は円滑に行わなければならないし、日増しに議会の力はもっと見られるようになり、人々にますます影響が及ぶようになる。それとは逆に、これだけは皆が認めていることですが、議員たちは偽善者で利己主義者とされています。皆が自分の利益を図っています。ただ恐れから議会はなにかするのです。今日したことを明日は破棄しなければなりません。今日までなにか一つ、議会が実現させたような例は見当たりません。重大な問題の議論が議会でされているとき、議員たちは足を長々と投げ出し、あるいは居眠り*しています。議会で議員たちは聞く者があきれてしまうほど怒鳴り叫んでいます。そこの偉大な著者は議会を「世界のおしゃべり売り場」と名付けました。議員たちは考えることなしに自党に投票しますし、投票するよう縛られています。議員のうち誰かが例外として投票すると、その議員は生けにえとされてしまいます。議会が無駄にするだけの時間とお金をもし少数のよい人間が手にしたら、国家は向上するでしょう。この議会はただ国家のおもちゃにすぎません。そのおもちゃを国家はたいへんな出費をして持っているのです。この考えは私自身のものである、とあなたは思わないでください。偉大なイギリスの思想家たちがそのように考えているのです。一人の議員は、議会は敬虔な人間にふさわしくないとまでいっています。もう一人の議員が、議会は「赤ちゃん」であるといいました。赤ちゃんがいつまでも赤ちゃんでいるのを、あなたはこれまでに見たことがありますか？　今日、七〇〇年後に、もし議会が赤ちゃんでいるならば、いつ大きくなるのでしょう？

読　者　あなたは私を考え込ませてしまいました。このすべてを、すぐに認めるようにあなたはおっしゃいませんね。まったく別の考えをあなたは私の心に生み出しています。それを私は消化しなければなりません。いいでしょう。さあ、「娼婦」ということばを説明してください。

編集長　私の考えを、あなたがすぐに認められないのは正しいことです。それについて必要な文献を読めば、少しは分かるようになるでしょう。議会を娼婦と名付けたことも正しいのです。議会には主人はいません。主人は一人ではありえないのです。しかし私のいう意味はこれだけではありません。誰かが議会の主人となると——首相のように——そのときも議会の手は同じようではありません。娼婦の状態がひどいように議会の状態もいつもそうなのです。首相は議会のことなど少しも気にしていません。権力の驕りに酔い痴れています。自覚がどのようにして勝つかだけを気にしています。自覚に勢力を与えるために議会を使ってやらせている例はかなり見られます。このすべては考えるに値します。

読　者　では、あなたは、今日まで私たちが愛国者で正直者と見なしてきた人たちを攻撃していることになります。

編集長　ええ、これは本当です。私は首相たちをまったく憎んでいません。しかし経験から私は分かったのですが、首相たちは真の愛国者とはされません。私たちが賄賂といっているものを、公然と受け取ったり贈ったりしませんから、正直とされているのです。しかし縁故が利くのです。他人を利用するために称号などという賄賂をふんだんに贈っています。純粋な気持と純粋な正直さは首相たちにはない、と私は勇気を持っていえるのです。

読　者　あなたの考えがこのようなら、その名において議会が活動しているイギリス人たちについてもなにかおっしゃってください。それでイギリス人たちの自治についてすっかり分かるようになるでしょうから。

編集長　イギリスの選挙人の聖書は新聞になってしまっています。選挙人はその新聞で自分の意見を決めます。新聞は不正直なものです。一つのことを二つにして出します。ある党派の新聞はそれを大きく取り上げますし、別の党派の新聞は小さく扱います。ある新聞が一人のイギリス人指導者を正直としますと、別の新聞は不正直とします。このような新聞のある国の人たちの状態はどのようにひどいものでしょうか?

読　者　それはあなたがお話しください。

編集長　その人たちは一瞬一瞬、自分の考えを変えています。七年毎に色が変わる、このようにその人たちの間ではいわれています。時計の振り子のようにその人たちはこちらからあちらへと揺り動かしています。一ヶ所に落ち着けません。誰か、ちょっと弁が立ち、大言壮語をしたり、パーティーなどをしょっちゅうすると、人々は鼓手のようにその人の太鼓を叩きだすものです。そのような人たちの議会はそのようです。イギリス人たちには一つのものがたしかにあります。それは自国をほかに渡さないことです。もし誰かが自国を邪《よこしま》な目で見たらその目を抉《えぐ》り出してしまうでしょう。しかしそれでその国民にすべての美徳があるとか、その国民を模倣しなければならないとはいえません。もしインドがイギリス国民の模倣をしたら、インドは破滅してしまうと私は特に考えています。

読　者　イギリス国民がこのようになったのは、なにが原因と思われますか？

編集長　それはイギリス人たちだけの欠陥でなくて、イギリス人たちの——いや、ヨーロッパの——近代文明の欠陥です。その文明は非文明です。それでヨーロッパの国民は破滅しようとしているのです。

六　文明の哲学

読　者　さあ、あなたは文明のことも話してくださらなければなりません。あなたの考えるところでは、文明は非文明となりました。

編集長　私の考えるところだけではなく、イギリスの著者たちの考えるところでは、文明は非文明です。それについてたくさんの本が書かれています。イギリス人たちの間では文明に反対するために団体も設立されています。ある著者*は『文明、その原因と治療法』という名の本を書いています。その本で著者は文明が一種の病気であると示しています。

読　者　これを私はどうして知らないでいたのでしょう?

編集長　その理由ははっきりとしています。誰も自分を否定するようなことはいわないものです。文明という迷妄に陥った人たちが文明を否定するようなことは書きません。文明を支持するようなことや論点を探し出すものです。これは故意にやっているわけでもありません。書くものを著者自身が信じているのです。寝ている人間は見る夢を本当だと思います。眠りが覚めると自分の誤りが分かるのです。文明に支配されている人間の状態はこのようです。私たちが読むものはなんでも文明の擁護者たちの書いたものです。たいへん賢明で善良な人たちが加わっています。書かれたものに私たちは驚嘆してしまいます。このように次々と人間はそれにはまり込んでしまいます。

読　者　あなたのいわれたことは正しい。さあ、あなたが読み、考えたことを教えてください。

編集長　まず最初に、文明という名がどの状態に与えられるものか考えてみましょう。この文明の真の特徴は、人間たちが物質的追求と身体的安楽を有意義であり人生の目的としていることです。この例を見ることにしましょう。一〇〇年前、ヨーロッパの人たちが住んでいた家に比べると、現在、もっとよい家に住んでいます。これが文明のしるしとされます。身体的安楽があるからです。以前、人間は毛皮を身に付け槍を使っていました。いまでは、長ズボンを穿き、身体を飾るためにさまざまな衣服をこしらえていますし、槍の代わりに次々と五発も撃てる回転銃を使っています。これは文明のしるしです。靴などを履いたことのないある国の人間が、ヨーロッパの服装を身に付けることを学ぶと、野蛮な状態から文明化された状態になったとされます。以前、ヨーロッパで人間は普通の鋤で必要なだけの土地を自分で耕していました。その鋤の代りに、いまでは蒸気エンジンで鋤を動かし、一人の人間が広い土地を耕すことができ、たくさんのお金を集めることができます。これが文明のしるしとされています。以前、人間は僅かの本を書き、それは貴重なものとされていました。今日では、誰もがその気になれば書き、出版し、人々の心を迷わせています。これが文明のしるしです。以前、人間は牛車で一日、一二コース*の旅をしていました。いまでは、汽車で四〇〇コースの旅ができます。これが文明の頂点とされています。いまでは、文明が進むにつれて、人間は飛行機で旅行をし、数時間で世界のどこにでも行けると考えられるようになっています。人間は手足を使わなくてすみます。一つのボタンを押せば身に着ける衣服が出てきます。もう一つのボタンを押せば新聞が出てきます。第三のボタンを押せば自動車が用意されていますし、いつも珍しい食事があります。手足を使わなくてもすみますし、すべて機械がやってくれます。以前、人間は戦いたいときは、たがいに腕力を使っていました。いまでは、大砲の一発で何千何万の人命を奪うことができます。これが文明のしるしです。以前、人々は戸外で自分がよいと思われるだけの労働を拘束されずにしていました。いまでは何千何万の労働者たちが生活のために一緒になって、大工場や鉱山で労働しています。労働者たちの状態は動物以下になっています。労働者たちは鉛などの工場で生命の危険を冒して働かなければなりません。この利潤は金持の人たちに入ります。以前は、人間たちを殴って強制的に奴隷にしていました。いまでは人間たちをお金と享楽で誘惑して奴隷にしています。以前、人々にはなかったような病気が生まれてきてしまっていますし、医師たちはその病気をどのように治療したらよいか研究するようになっています。このようにして病院が増えています。これが文明のしるしとされています。以前、手紙を書くと、特別の使者が運んでいましたし、たいへんお金がかかっていました。今日、誰かに悪口をいう手紙を書かなければならないとすると、一*パイソーで私は悪口がいえます。誰かに感謝しなければならないとすると、私は同じお金で届けられます。これが文明のしるしです。以前、人間たちは二、三回、食事をしていましたし、それも手作りの*ローティー・パンと少し野菜料理があればそれを。いまでは二時間毎に食べ物がいりますし、食べることで人々は暇がないほどです。さあどれほどいいましょうか？このすべてをあなたが望めば、その本で見ることができます。このすべては文明の正しいしるしです。そしてもし誰かがそれとは別のことを説いたら、その人はなにも知らない人だと思ってください。文明は、私がすでに伝えたものです。文明には道徳とか宗教はありません。文明の擁護者は、自分たちのすることは人々に宗教を教えることではない、とはっきりいっています。宗教とは詐欺であるとする人たちがいます。宗教を騙り、道徳も説く人たちもいます。それでも私はあなたに二〇年の経験からいうのですが、道徳の名のもとに不道徳が教えられているのです。道徳はこれまでの話にあるはずがない、と子供でも理解できるようなものです。身体がどのように楽できるか文明は与えようと努めています。それにもかかわらず、その安楽はありえないのです。

この文明は不道徳です。それがヨーロッパではこれほどまでに広まっているので、その人間たちは半狂人のように見えます。人間たちには真の力はありません。自分の力を酔って持たせているのです。落ち着いて坐っていることもできません。家の女王でなければならない女性たちが路地でうろつくか、働きに行かなければなりません。イングランドだけで四〇〇万人の貧しい女性たちが食べるために重労働をしていますし、現在、婦人参政権運動が行われています。

この文明は、もし私たちが忍耐強く考えれば理解するようになるのですが、文明に捕らえられた人間たちが自分で付けた火に焼かれて死んでしまうようなものです。預言者ムハムマドの教えによれば、これは悪魔の支配とされています。ヒンドゥー教はこれをまったくの末世*といいます。私はあなたにこの文明をそっくりそのままには描写して示せません。私の能力を越えることです。しかしあなたは分かるでしょうが、この文明によってイギリス国民は腐敗してしまったのです。この文明は滅ぼすものであり、滅びるものです。この文明から遠ざかっているのがよいのです。文明によってイギリス議会やほかの国の議会が無用なものになっているのです。議会は国民の隷属のしるしで、これは間違いではありません。読んで考えればあなたもそのように思うでしょう。イギリス人を責めないでください。哀れむべきです。イギリス人は賢明ですから、この罠から抜け出すものと私は信じています。イギリス人は勇敢で勤勉です。考えは根本的に不道徳ではありませんから、私はイギリス人を高く評価しているのです。心は悪くありませんし、文明はイギリス人たちにとって不治の病ではありませんが、いま病気に罹《かか》っているのを忘れてはなりません。

七　インドはなぜ滅んだか

読　者　あなたは文明について大いに話してくださいました。私を考え込ませてしまいました。ヨーロッパの国民からなにを受け取らなければならないか、なにを受け取ってはならないか、いま私は迷ってしまっています。でも、一つ、質問があります。文明が非文明であり、病気であるとするならば、このような病気に罹っているイギリス人がインドをなぜ取れたのですか？　インドになぜいられるのですか？

編集長　あなたのこの質問への答えはいま少し容易になっていますし、しばらくしたら私たちは自治についても考えられるでしょう。忘れてはいませんよ。あなたの自治についての質問に私は答えなければならないのです。しかし、あなたのいまの質問を私たちは取り上げることにします。インドをイギリス人が取ったのではなくて、私たちがインドを与えたのです。インドにイギリス人たちが自力でいられたのではなく、私たちがイギリス人たちをいさせたのです。それはどうしてか、それを見ることにします。あなたに思い出してもらいたいのですが、私たちの国にイギリス人たちは、本当は商売をするためにやって来ました。あなたの勇者*カンパニーを思い出してください。カンパニーを勇者に誰がしたのですか？

気の毒なイギリス人たちには支配する気持はありませんでした。カンパニーの人たちを助けたのは誰でしたか？　カンパニーの人たちの銀を見て誰が誘惑されましたか？　カンパニーの商品を誰が売っていましたか？　歴史は証明していますが、私たちこそがそれすべてをしていました。お金をすぐに手にする目的で私たちはカンパニーの人たちを歓迎していました。私たちが助けていました。私にマリファナを飲む癖があり、マリファナを私に売る人がいるとすると、私はマリファナを売る人を責めるべきでしょうか、それとも自分自身を？　マリファナを売る人を責めることで私の悪癖は治るでしょうか？　その売る人を追い払ったら、ほかの人が私にマリファナを売らないでしょうか？　インドの真の奉仕者は、正しく探求し、根本を調べなければなりません。たくさん食べて私が消化不良になったとすると、水のせいにしては消化不良を治せません。医者は病気の原因を探しだすものです。あなたがインドの病気の医者になろうとするのなら、病気の原因を探し出さなければなりません。

読　者　おっしゃる通りです。もうあなたは私を説得するために議論を続ける必要はありません。私はあなたの考えを知りたいと焦っています。私たちはいまとても興味深い話題に入っていますので、あなたの考えを示してください。疑問に思ったら話を遮《さえぎ》ることにします。

編集長　分かりました。しかし、先に行くとまた私たちの意見は分かれるのではないか、と私は恐れています。あなたが遮ったら議論するようにしましょう。私たちは見たのですが、イギリス商人を私たちが励ましたとき、商人たちは足を広げることができました。同じように私たちの王がたがいに争ったとき、勇者カンパニーの援助を求めました。勇者カンパニーは商売と戦争に長けていました。そのことに道徳とか不道徳は障害にはなりませんでした。商売を広げお金を稼ぐのがカンパニーの仕事でした。それに私たちが援助すると、カンパニーは商館を増やしました。商館を守るために軍隊を置きました。その軍隊を私たちが利用したのです。ですから、もうカンパニーに罪を着せるのはむだなことです。そのときヒンドゥー教徒、イスラーム教徒は敵対もしていました。そこでカンパニーは支配の機会を手にしたのでした。このようにあらゆるやり方でカンパニーの支配がインドに及ぶよう、私たちはカンパニーのためにしたのでした。ですから、私たちがインドをイギリス人に与えたというのが、インドが滅んだというよりもっと正しいのです。

読　者　では、イギリス人たちがインドをどのように支配できたのか、おっしゃってください。

編集長　イギリス人たちにインドを与えたように、私たちはインドをイギリス人たちに支配させているのです。イギリス人たちのある者は、インドを剣で手に入れたといっていますし、剣で支配しているともいっています。この二つのことは誤りです。インドを支配するのに剣はなんの役にも立ちません。私たちこそがイギリス人たちを支配させているのです。

ナポレオンはイギリス人たちを商売人の国民だといいましたが、まったく正しいことです。イギリス人たちがその国を支配するのは、商売のためと知らなければなりません。イギリス人たちの軍隊と艦隊はただ商売を守るためにあるのです。トランスヴァールで商売にならなかったとき、グラッドストン*は、トランスヴァールをイギリス人たちは支配してはならない、とすぐに気づいたのでした。トランスヴァールで商売になると見たとき、戦争をし、チェンバレン*氏はトランスヴァールにイギリスの宗主権があると探し出したのでした。故クルーガー大統領*に誰かが尋ねました。「月世界に金があるでしょうか、ないでしょうか？」大統領は答えました。「月世界に金があるわけありません、というのはもしあったらイギリス人たちは月を帝国に併合したでしょうから」。イギリス人たちの最高神はお金である、このことに留意するとすべてがはっきりとします。

私たちがイギリス人たちをインドに置いているのは、ただ利己心のためです。私たちはイギリス人たちの商売が気に入っているのです。イギリス人たちは策略を巡らして私たちの歓心を買いますし、喜ばせて私たちを利用するのです。このことで私たちがイギリス人たちを責めたら、イギリス人たちの権力を持続させるようなものです。それに私たちはたがいに争ってイギリス人たちにさらに力を与えているのです。

もし、あなたがこれまで話してきたことを正しいと思うのなら、イギリス人たちは商売のためにやって来たし、商売のためにいて、いさせておくのはまさに私たちである、と証明したことになります。イギリス人たちの武器はまったく役に立っていません。

この機会に気付いてもらいたいのですが、日本でイギリスの旗がはためいていると思ってください。イギリス人は日本と同盟を結びましたが、それは自分の商売のためです。日本でイギリス人たちは大いに商売しますよ。見ていなさい。イギリス人は全世界を自国の商品の市場にしたいのです。そうできないのはたしかです。それはイギリス人たちの咎《とが》とはされません。イギリス人たちはありとあらゆる手を尽くして努力するものです。

八　インドの状態

読　者　インドがなぜイギリス人の手中にあるかは理解できました。いま、インドの状態についてのあなたの考えを知りたいと思います。

編集長　インドは現在、悲惨な状態にあります。それをあなたに語りながら、私の目には涙が溢れ、喉は乾いてしまいます。それをあなたにすっかり説明できるかどうか、私は疑っています。私の変わることのない意見ですが、インドはイギリス人にではなく、近代文明に踏みにじられているのです。インドは近代文明に捕らわれてしまっているのです。そこから逃れる方法はまだたしかにあるのですが、日々、時は過ぎ去っています。私には宗教が大切ですから、まず悲しいことはインドが宗教から外れて行くことです。私は宗教をヒンドゥー教とイスラーム教とかパ*ールスィー教とは解釈していません。しかしすべての宗教にある宗教が失われようとしているのです。私たちは神から顔を背けるようになっています。

読　者　それはまたどうして?

編集長　インド人に対するこのような非難があるのですが、私たちは怠惰で、白人たちは勤勉で積極的だというのです。これを私たちは受け入れてしまっています。ですから、私たちは自分の状態を変えようとしているのです。

ヒンドゥー教、イスラーム教、パールスィー教、キリスト教、すべての宗教は教えていますが、私たちは世俗のことには消極的で、宗教的なことには積極的でなければなりません。私たちは世俗の欲望に制限を設け、宗教的な熱望には無制限としなければなりません。私たちはそれに意欲的でなければなりません。

読　者　それはまるで、詐欺師《さぎし》になれと教えているようなものです。このようなことをいって悪人たちは騙してきましたし、いまでも騙しているのです。

編集長　あなたは宗教を不当に非難しています。詐欺師はすべての宗教にいるものです。太陽があるところに闇があるものです。影はすべてのものにあります。宗教での詐欺師は世俗での詐欺師よりまし、とあなたは分かるでしょう。文明での詐欺師について私はあなたに話してきましたが、そのような詐欺師を宗教では見ていません。

読　者　どうしてそんなことがいえるのです?　宗教という口実でヒンドゥー教徒、

イスラーム教徒は争いましたし、宗教の名の下にキリスト教徒たちの間で戦争が行われました。宗教の名の下に何千何万という罪のない人たちが殺されましたし、焼き殺されましたし、拷問を受けました。これは文明以上にひどいとされます。

編集長　ではいいますが、このすべては文明の不幸に比べれば、ずっと耐えられるようなものです。あなたがいったことは欺瞞である、とすべての人が分かっています。ですから欺いた人たちが死ねば終わりとなるのです。信じやすい人たちがいるところで、そのようなことはよくあるものです。しかしその悪い影響はずっと続くわけではありません。しかし文明のホーリー祭*という火に焼かれて死ぬ人には限りがありません。その火の特徴は、人々がよいと信じて火の中に飛び込んでいることです。人々は神の道にも、世間の道にも従いません。人々は本当のことをすっかり忘れてしまっています。文明はネズミのように人々をかみ切っているのです。

文明の影響を私たちが知るとき、以前の迷信が私たちには比較的よく思われるでしょう。迷信を守らなければならないと私はいいません。いや迷信とは戦いましょう。しかしその戦いは宗教を忘れることではなく、正しく宗教を守ってこそ戦えるものです。

読　者　では、イギリス人がインドで治安を維持し安定を与えたのは、無用であるといわれますか?

編集長　あなたが治安と見ていようとも、私は見ていません。

読　者　では、*タグ、*ピンダーリー、*ビール、などが苦しめていましたが、あなたの見るところでは、なんの異存もないということですか!

編集長　あなたがちょっと考えてみたら分かるでしょうが、その苦しみはたいしたことではありませんでした。もし、その苦しみが重大なものであったら、国民はとっくのむかしに滅んでいたことでしょう。それに今日の治安というのは名ばかりです。私はいいたいのですが、私たちはその治安によって男らしさを失い、女々しくなり、臆病になってしまったのです。ビール、ピンダーリーの本性をイギリス人が変えたと思ってはなりません。そのような苦しみがあっても私たちはそれに耐えられます。しかしほかの人がその苦しみから私たちを救ってくれたら、まったく劣等感を覚えます。私たちが非力でいるよりビールの矢に当たって死ぬ方がずっとよいと思われます。かつてのインドは勇気に満ちた国でした。*マコーリはインド人は男でないとしましたが、それはひどい無知を示すものです。インド人はけっして女々しくありませんでした。山地の人たちや、トラ、ヒョウがいる国の住人がもし臆病であれば滅んでしまいます。あなたは畑に行ったことがありますか？　私はあなたに自信を持っていうのですが、畑で私たちの農民は怖がることなく今日でも寝ているのです。そこでイギリス人やあなたが寝るのを恐れて尻込みしてしまうでしょう。力は恐れないことにあるのです。身体に肉の固まりが付いたからといって力が出るものではありません。これはあなたが少し考えたら分かるでしょう。

それに、自治を望んでいるあなたに私は注意したいのですが、ビール、ピンダーリーとタグは私たちの同胞ですよ。我がものとするのはあなたや私がすることです。自分の兄弟を怖がっているうちは、あなたはけっして目的地に着けませんよ。

九　インドの状態（続）——鉄道

読　者　インドの治安についての迷妄を、あなたはすっかり取り除いてくださいました。もう、あなたが私になにか残しているようには思えません。

編集長　まだ私は、あなたに宗教の状態について意見を述べただけです。しかしインドがなぜ貧しいか、これについての自分の考えを伝えると、あなたは私を軽蔑するようになるでしょう。というのは、今日まであなたや私たちが有益としていたものが、私には有害と思われるのです。

読　者　それはなんでしょう？

編集長　インドを鉄道、弁護士たちや医者たちが貧窮にしてしまったのです。その状況は、もし私たちが早く目覚めないと、四方八方から取り巻かれてしまうのです。

読　者　私たちの一行がドワールカー*に行けるかどうか、私は危惧《きぐ》しています。あなたは、よく見えていたもの、よいとされてきたものすべてに攻撃を始めたのですから！

まだなにが残されていますか?

編集長　あなたは辛抱しなければなりません。文明がどのように非文明かはやっとのことで分かるのです。医者はあなたにいうでしょうが、肺結核患者は死ぬ日まで生きる望みを持っているのです。表面上、肺結核の傷はなにも見られません。それにその病気は患者の頬に偽《いつわ》りの赤みを与えるのです。ですから患者は信じて騙されてしまい、最後には死ぬのです。そのように文明について理解しなければなりません。文明は目に見えない病気です。用心していなければなりません。

読　者　いいでしょう。では鉄道物語を聞かせてください。

編集長　もし鉄道がなかったら、今日のようにイギリス人たちがインドを支配していなかった、とあなたは理解できるでしょう。鉄道でペストが広まります。もし鉄道がなく、ほんの少しの人たちしかある場所からほかの場所へ行かなければ、伝染病は全国に広まりません。以前、私たちは隔離を自然に守っていました。鉄道で飢饉は広がります。なぜならば、鉄道の便宜によって人々は自分の穀物を売り払うからです。高く売れるところに穀物は引き寄せられますし、人々はそれを気にかけないようになるので、飢饉の惨事が広がるのです。鉄道で邪悪が広がります。悪人たちが悪行をすばやく広められるからです。インドの聖地は汚れてしまっています。以前、人々はたいへんな苦労をしてそのような場所に行っていました。そのような人たちが本当の信仰から神を崇拝しました。いまでは詐欺師たちの一団がただ騙《だま》すために行っています。

読者　これはまた、あなたは一方的なことをいわれました。悪人たちが行けるように、善人たちも行けるはずです。なぜ鉄道を十分に利用しないのですか？

編集長　よいものはカタツムリのように進むのです。それは鉄道とは合いません。善人には利己心はないものです。性急にはなりません。人によい印象を与えるには時間がかかるのを知っています。悪人だけが跳梁するのです。家を建てるのは困難ですが、壊すのは簡単です。ですから鉄道はいつも邪悪を広めている、とはっきり理解しなければなりません。鉄道で飢饉が広がるかどうかについて、ある学者が私の心に一瞬、疑わせることができるとしても、鉄道で邪悪が広がると心に刻まれてしまっていて消えることはありません。

読者　でも、鉄道の最大の利益はほかの損失を忘れさせます。鉄道があるから今日、インドに一国民であるとの感情が見られるのです。ですから私はいうのですが、鉄道の到来はよかったのです。

編集長　それはあなたの誤りです。イギリス人があなたに、あなたたちは一国民ではなかったし、一国民となるのに数百年かかる、と教えたのです。これはまったく根拠のないことです。イギリス人たちがインドにいなかったとき、私たちは一国民でしたし、私たちの考えは一つでしたし、生活様式は一つでした。だからイギリス人たちは一帝国を打ち立てたのでした。差別は後になってイギリス人たちがしたのでした。

読　者　それをもっと説明してくださらなければなりません。

編集長　私は話すことをよく考えてからいっています。一国民の意味は私たちの間に相違がない、ということではありません。しかし、私たちの祖先は徒歩か牛車で全インドを巡っていましたし、おたがいの言語を学んでいましたので、祖先たちの間に相違はありませんでした。*セートゥバンド・ラーメーシュワラム、*ジャガンナートと*ハリドワールの巡礼を決めた先見の明のある偉人たちの心に、どのような考えがあったか、あなたは分かりますか？　偉人たちは馬鹿ではなかった、とあなたは認めますね。神への崇拝は家にいてもできると偉人たちは知っていました。その人の心が清らかならば、*家にいながらにしてガンジス河、と偉人たちが私たちに教えてくれたのでした。しかし、インドを自然が一国にしているのだから、一国家にならなければならない、と偉人たちは考えました。それでさまざまな聖地を定めて人々に統一の観念を、世界のほかの場所ではないようなやり方で、与えたのです。二人のイギリス人は同じではありませんが、私たちインド人は同じでしたし、いまでもそうです。ただ文明化されたあなたや私たちの心に、インドにはさまざまな民族があるように思えたのです。鉄道によって私たちは別の民族と思うようになっているし、鉄道によって一国民の観念を撤回したとするならば、私には異存ありません。阿片常習者が、阿片の害を阿片を吸うことで分かったので、だから阿片はいいものだ、といえるようなものです。このすべてをあなたは十分に考えてください。まだあなたは疑うでしょう。しかし、このすべてをあなた自身で解決できるでしょう。

読者 あなたのいわれたことを考えてみます。でも、一つの質問があります。イスラーム教徒がインドに入る前のインドのことをあなたは話されました。でもいまでは、イスラーム教徒、パールスィー教徒、キリスト教徒は多数います。一国民にはなれません。ヒンドゥー教徒、イスラーム教徒は宿敵といわれています。私たちの諺《ことわざ》もそのようです。「イスラーム教徒にシヴァ神*はいらない」。ヒンドゥー教徒は東に向かって礼拝しますし、イスラーム教徒は西に向かって礼拝します。イスラーム教徒はヒンドゥー教徒を偶像崇拝者だとして軽蔑します。ヒンドゥー教徒は偶像崇拝者で、イスラーム教徒は偶像破壊者です。ヒンドゥー教徒は牝ウシを崇拝し、イスラーム教徒は牝ウシを屠殺します。ヒンドゥー教徒は非殺生者、イスラーム教徒は殺生者、このようにことごとく反対です。それがどのように解消され、インドがどのようにして一つになるのでしょうか？

一〇　インドの状態(続)――ヒンドゥー教徒、イスラーム教徒

編集長　いまの質問はとても重大と思います。しかしそれは考えれば容易なものに思えるでしょう。この問題が起こっている原因も鉄道、弁護士と医者なのです。弁護士と医者について私たちはこれから考えなければなりません。鉄道についてはすでに考えています。これだけ追加しますが、人間は自分の手足でできる範囲内だけ、行き来しなければならないように生み出されているのです。もし私たちが鉄道などの手段で奔走しなければ、たくさんの込み入った問題はないでしょう。私たちは自分の手で不幸を招いているのです。人間の限界を、神は身体を造って設けたのでした。すると人間は身体の限界を越える方法を探し出しました。神を知るため、人間には知恵が与えられましたが、人間は神を忘れることに知恵を使いました。私には、本来の限界に従って、周囲に住んでいる人たちに奉仕できます。ところがすぐに私は傲慢にも、全世界に奉仕するため自分の身体を使わなければならない、と考えてしまったのでした。このようにしながらた

くさんの宗教のさまざまな性質の人たちと接します。その重荷は人間が持てるようなものではありませんから、後になってすっかり堪えきれなくなってしまうのです。この考えに従えば、鉄道は本当に危険な手段である、とあなたは分かるでしょう。人間は鉄道を利用し神を忘れてしまったのです。

読　者　でも、私はいま出した質問の答えを聞きたくて待ち切れません。イスラーム教徒が入って来ても、インドは一国家のままだったのでしょうか、それともそうではなくなったのでしょうか？

編集長　インドでどのような宗教の人たちでも住めるのなら、それによって一国家は消滅しません。新しい人たちが入って来ても国家を破壊できません。人々は国家に融合します。こうなるときにこそ、ある国は一国家とされるのです。その国にほかの人たちを受け入れる能力がなければなりません。そのような能力はインドにありましたし、いまでもあります。もっとも、実をいえば、人間の数だけ宗教があるとされていますが、一国民となって住む人たちはたがいの宗教に干渉しません。もし干渉したら、一国家となるにふさわしくないと理解しなければなりません。ヒンドゥー教徒が全インドにヒンドゥー教徒だけがいるようにと思ったら、それは夢です。イスラーム教徒がインドにイスラーム教徒だけが住むようにと思ったら、それも夢と理解しなければなりません。それでもこの国を自分の国として住んでいるヒンドゥー教徒、イスラーム教徒、パールスィー教徒、キリスト教徒は同国民です。同胞ですし、たがいの利益のためにも一つになって住まなければならないでしょう。世界のどのようなところでも、一国家の意味は一宗教ということではありませんでしたし、インドでもそうでした。

読　者　でも宿敵についてはどうですか？

編集長　「宿敵」、これは両者の敵が探し出したことばです。ヒンドゥー教徒、イスラーム教徒が戦っていたとき、そのようなこともありました。戦いはとっくのむかしに終わってしまっています。それなのに宿敵とはなんですか？　このほかに留意すべきことですが、イギリス人がやって来た後で、私たちは戦いを止めたというのではありません。ヒンドゥー教徒たちはイスラーム教徒の王たちの下で、イスラーム教徒たちはヒンドゥー教徒の王たちの下で暮らしてきました。戦うことで誰にも益がない、と両者は後で分かるようになりました。戦うことでどちらも自分の宗教を捨てませんし、同じようにどちらも自分の主張を捨てようとはしません。ですから両者は一緒になって住むことに決めました。争いは後になってイギリス人が始めさせました。

「イスラーム教徒にシヴァ神はいらない」。この諺もこのように理解しなければなりません。いくつかの諺が残っていて損害を及ぼしているものです。私たちは諺に欺かれ、多くのヒンドゥー教徒とイスラーム教徒の先祖が同じであったことも忘れてしまっています。私たちには同じ血が流れているのです。宗教を変えたことで敵になったというのでしょうか？　両者の神は別々なのですか？　宗教は同じ場所に到達する別々の道です。私たち両者が別の道をとっているからといって、どうだというのです。残念に思うことがあるというのですか？

このほかにもこのような諺がシヴァ、ヴィシュヌ派信徒たちの間にもあります。それだからといって、同国民でないとは誰もいいません。ヴェーダを信奉する者とジャイナ教徒の間にたいへんな違いがあるとされていますが、にもかかわらずそれで二つの別の国民とはなりません。私たちは奴隷となってしまっています。それで自分たちの争いを解決してもらうため第三者のところへ持って行くのです。

イスラーム教徒が偶像破壊者であるように、ヒンドゥー教徒の間にも同じような派が見られます。正しい知識が増えるにつれて、自分たちに気に入らない宗教を守る人に対し敵意を持たないことが正しい、と理解するようになるでしょう。私たちはその人に強制してはいけません。

読　者　さあ、牝ウシ保護についてあなたの意見をいってください。

編集長　私自身、牝ウシを崇拝しています。つまり牝ウシを敬っています。牝ウシはインドを守るものです。というのは、牝ウシの子孫に農業国インドは依存しているからです。牝ウシは何百という見地から有用な動物です。それはイスラーム教徒の兄弟も認めるでしょう。

しかし、私は牝ウシを敬うように人間も敬っています。牝ウシが有用であるように、人間も――ヒンドゥー教徒であろうとイスラーム教徒であろうと――有用です。では牝ウシを救うために私はイスラーム教徒と戦うでしょうか？　私はイスラーム教徒を殺すでしょうか？　このようにしたら私はイスラーム教徒の敵と同じように牝ウシの敵となるでしょう。ですから自分の考えに従って、私はいうのですが、牝ウシを守る唯一の方法は、イスラーム教徒の兄弟に手を合わせて、国のために牝ウシの保護を説得しなければならないことです。もし兄弟が納得しなければ、私は牝ウシをそのままにしなければなりません。というのは自分の能力を越えているからです。私がもし牝ウシにたいそうな哀れみを覚えたら、自分の命を捧げなければなりませんが、イスラーム教徒の命を奪ってはなりません。これは宗教上の決まりであると私は信じています。

「はい」と「いや」はいつも対立するものです。もし私が議論すれば、イスラーム教徒も反論するでしょう。もし私が怒れば、イスラーム教徒も怒るでしょう。もし私が少し頭を下げれば、イスラーム教徒はもっと頭を下げるでしょう。もし頭を下げなくても、私が頭を下げたのは間違いとはされません。私たちが強硬に反対したときに、牝ウシの屠殺は増えたのでした。私の意見では、牝ウシ保護普及協会は牝ウシ屠殺普及協会とされなければなりません。そのような協会があるのは、私たちにとって恥ずかしいことです。牝ウシ保護を忘れたとき、そのような協会を必要としたのでしょう。

私の弟が牝ウシを殺そうと走りだすとき、私は弟にどうしなければならないでしょうか？　弟を殺さなければならないでしょうか？　それとも足にすがって懇願しなければならないでしょうか？　もし足にすがって懇願しなければならないとあなたがいうのなら、イスラーム教徒の兄弟の足にもすがらなければなりません。

ヒンドゥー教徒が牝ウシを虐待し、屠殺すると、牝ウシを誰が救うでしょうか？　牝ウシの子孫をヒンドゥー教徒は突き棒で突いていますが、そのヒンドゥー教徒を誰が説得するでしょうか？　それでも私たちが一国民となるのに妨げとはなりませんでした。

最後に、ヒンドゥー教徒が非殺生者でイスラーム教徒が殺生者というのが本当であるのなら、非殺生者の義務はなんでしょうか？　非殺生者が誰か人を殺すようにとはどこにも書かれていません。非殺生者の道はまっすぐです。一人を救うためにほかの人を殺してはなりません。ただ足にすがることです。それにこそ目的成就があるのです。

しかしヒンドゥー教徒だけが非殺生者でしょうか？　根源的に考えると、誰も非殺生者ではありません。なぜならば私たちは生命を損なっているからです。しかしそれから逃れたいと願っていますので、非殺生者。一般的に考えてみますと、多くのヒンドゥー教徒は肉食をしていますから、非殺生者とはされません。こじつけてなにか別の解釈をしようとするのなら、私にはなにもいうことはありません。このようであれば、一方が殺生者で他方が非殺生であるので、相いれないというのは、まったくの誤りです。

このような考えは利己的な宗教説法者、ヒンドゥー教学者、イスラーム僧が教えたものですし、足りなかったものはイギリス人たちが仕上げをしたのです。イギリス人たちには歴史を書く癖があります。すべての民族の風俗習慣を知っている振りをしています。神は心を小さなものにしましたが、イギリス人たちは神のような主張をしていますし、さまざまな実験をしています。自分で太鼓を叩いていますし、私たちに信じさせようとしています。私たちは無知のあまりそのすべてを信じてしまっています。

誤解したくない人は分かるのですが、『コーラン』には、ヒンドゥー教徒に受け入れられるような何百ということばがあります。『バガヴァドギーター』には、このように書かれていて、イスラーム教徒が反対してなにもいえないほどのことばが書かれています。『コーラン』に、私には理解できないとか、気に入らないことがいくつかあるからといって、『コーラン』を信奉する人を軽蔑しなければならないでしょうか？　争いは二人の間に起こるものです。もし私が争わないのなら、イスラーム教徒はなにをしたらいいでしょうか？　もしイスラーム教徒が争わないのなら、私はなにをしたらいいでしょうか？　振り上げた手は空振りに終わるだけです。すべてが各自の宗教の本質を理解し、宗教を守り、ヒンドゥー教学者やイスラーム僧を介入させないようにすれば、争いの面目は丸つぶれとなります。

読　者　イギリス人たちは両社会を本当に相いれさせることができるでしょうか？

編集長　それは憶病者の質問です。その質問は私たちの劣等感を示すものです。二人の兄弟が一緒になろうとすれば、誰が仲を割けるでしょうか？　もし二人を第三者が争わせたら、その二人の兄弟を私たちは愚か者というでしょう。同じようにもし、私たちヒンドゥー教徒、イスラーム教徒が愚か者となれば、イギリス人に罪を着せることはありません。乾いた土製の水瓶は一つの小石でなくても二つ目の小石で割れるでしょう。水瓶を守る道は水瓶を小石から遠ざけることではなくて、焼き固めることで、そうすれば小石など恐くはありません。同じように私たちは焼き固められた心の持ち主とならなければなりません。さらに、両者のうち一方が焼き固めた心の持ち主となれば、第三者が割れるようなものではありません。これはヒンドゥー教徒が容易にできることです。数において勝っていますし、イスラーム教徒よりも教育を受けているとしているからです。ですから焼き固めた心が持てるのです。

両宗教徒の社会の間には不信感があります。ですからイスラーム教徒はモーリ卿にある要求をするのです。これにヒンドゥー教徒がなんで反対するのでしょうか？　もしヒンドゥー教徒が反対しなければ、イギリス人はびっくりし、イスラーム教徒はしだいに信用するようになり、兄弟の絆は強くなるものです。自分たちの争いをイギリス人たちのところへ持って行くのを、私たちは恥じ入らなければなりません。ヒンドゥー教徒はこのようにしても失うものはなにもありません。これはあなた自身も分かるでしょう。

他人を信用できた人は今日までなにも失いませんでした。

ヒンドゥー教徒、イスラーム教徒はけっして戦わないと私はいいたくはありません。二人の兄弟が一緒に住んでいれば、争いは起こるものです。ときには私たちの頭が割れることもあります。そのようになるのが必要ではありませんが、すべての人間は同じように賢明ではありえません。たがいに激情に駆られてしょっちゅう暴力を振るうようになります。私たちは堪えなければなりません。しかし私たちはそのような争いも大いに弁護して、イギリス人の法廷に持って行ってはいけません。二人が戦って、両方か片方の頭が割れた後で、公正な裁きをする第三者がいたでしょうか？　戦えば怪我をするのは当たり前のことです。身体と身体がぶつかれば跡は残るものです。これに公正な裁きがあるでしょうか？

一一　インドの状態（続）——弁護士

読　者　二人が争っても裁きを受けるために法廷へ行ってはならない、とあなたはおっしゃっています。これはまた、びっくりさせるようなことをおっしゃいました。

編集長　びっくりさせるような、——あるいは別の形容詞をつけてください。しかしこれは本当なんですよ。それに、あなたの質問は弁護士、医者のことを思い出させます。私の意見では、弁護士がインドを隷属状態にしてしまったし、ヒンドゥー教徒、イスラーム教徒の争いを助長しましたし、イギリス支配を強固にしたのでした。

読　者　このように非難するのは容易ですが、証明するのは難しいでしょう。弁護士以外、誰が私たちに独立の道を示したでしょうか？　弁護士以外、誰が貧しい人を救ったでしょうか？　弁護士以外、誰が公正な裁きをさせたでしょうか？　よろしいですか、*故マンモーハン・ゴーシュはなんと多くの人たちを救ったことでしょうか？　ご自身、一ペニーも受け取りませんでした。国民会議をあなたは称賛なさいましたが、会議は弁護士たちに支えられているし、弁護士たちの努力で会議の活動が行われているんですよ。この階層をあなたが非難されるとは、公正を不正とするようなものです。それは、あなたが新聞を手にしているので、いいたいことを勝手にいうようなものです。

編集長　あなたが考えているように、私もかつて考えていました。弁護士たちがこれまでよいことをなにもしなかった、と私はあなたにいいたくはありません。マンモーハン・ゴーシュ氏を私は尊敬しています。氏が貧しい人たちを助けた。その通りです。国民会議で弁護士たちがなにかしたことも認めることができます。弁護士たちも人間です。人間にはなんらかのよさがあるものです。弁護士たちのよさを示す例はたくさんみられますが、それは自分が弁護士であることを忘れていてこそ可能なのです。私があなたに伝えたいのは、弁護士たちの職業は不道徳を教えるということです。弁護士たちは欲に目が眩んでいます。その誘惑から免れる者はごくわずかです。

ヒンドゥー教徒とイスラーム教徒が争っています。両者に第三者はいうでしょう。もう忘れてしまいなさい、両方に過ちがあったのでしょう、たがいに仲よく暮しなさい。両者が弁護士のところへ行ったとします。依頼人の肩を持つのが弁護士の義務となります。依頼人が考えてもいない、有利になるような論拠を探し出すのが弁護士の仕事となります。もしそうしないと、職業に泥を塗ったとみなされます。ですから弁護士はほとんど争いを煽るような助言をするでしょう。

さらに、弁護士になるのは、他人の苦しみを除くためではなく、お金儲けのためです。それは金稼ぎの一つの道です。ですから、弁護士たちの利益は争いを大きくすることにあるのです。私が知っていることですが、弁護士たち自身、争いが起こると喜ぶのです。下級弁護人も弁護士仲間です。争いがないと起こすようにします。仲介人もいます。ヒルのように貧しい人たちにくっつき、血を吸っているのです。その職業は人々に争うようけしかけるのです。弁護士たちは怠け者です。怠け者たちが贅沢に暮すため、弁護士となるのです。これは真実です。ほかの言い分が出されていますが、たんなる言い訳に過ぎません。弁護士業が名誉ある職業と見つけだしたのは、まさに弁護士です。法律は弁護士たちが作りますし、自賛もしています。人々からどれほど謝礼を取ったらよいかも、弁護士たちが決めていますし、人々を威圧するために、まるで天空から降臨した天人のような振るまいをしています！

労働者以上の日当を弁護士たちはなんのために要求するのでしょうか？　弁護士たちの必要とするものが、労働者以上であるのは、なぜでしょうか？　労働者以上に、弁護士たちは国のために、なにかもっとよいことをしたのでしょうか？　よいことをした人に、もっとお金を受け取る権利がいったいあるのでしょうか？　もしお金のためにしたのなら、それはよいこととなぜされるのでしょうか？　この職業の特徴を私は話しました。しかしこれは別のことです。

弁護士たちによって、ヒンドゥー教徒、イスラーム教徒間に、いくつかの暴動が起こされたことを、経験している人たちは分かっていることでしょう。弁護士たちによって、多くの家族が破滅してしまっています。弁護士たちによって、兄弟たちは敵になっています。いくつもの藩王家が、弁護士たちの網にひっかかって、借財をするようになっています。多くの地主たちが弁護士たちの策略で略奪されています。このような多くの例が挙げられます。

しかし、弁護士たちの手による最大の損害は、イギリスの軛が私たちの首にしっかりと当てられたことです。あなた、考えてください。イギリスの法廷がなかったら、イギリス人たちは支配できると思いますか？　法廷は人々の利益のためにあるのではありません。自己の権力を維持しなければならない者が、法廷を通して、人々を支配しているのです。人々がたがいに争い、解決すれば、第三者は両者を威圧できません。人間たちが腕力を使うか、親戚たちに裁定を求めて争っていたときは、たしかに男でした。法廷がやって来ると、女々しくなってしまいました。たがいにとことんまで争うことは、野蛮とされるようになりました。さて、第三者が私の争いを解決したら、野蛮性は少いのでしょうか？　第三者が裁きを下すと、その裁きが正しいと誰がいえるのでしょうか？　誰が正しいかは、両当事者が知っていることです。私たちは単純無知のあまり、第三者が私たちからお金を受け取って公正な裁きをする、と信じているのです。

このことは別にしておきましょう。これだけの事実を示したいのですが、イギリス人たちは法廷によって私たちを威圧しているのです。しかも私たちが弁護士とならなければ、法廷は成り立たないのです。イギリス人たちだけが判事であったとしたら、イギリス人たちだけが弁護士であったとしたら、イギリス人たちだけが警官であったとしたら、イギリス人たちはただイギリス人たちだけを支配していたでしょう。インド人判事とインド人弁護士なしでは支配できませんでした。どうして弁護士になったか、弁護士たちがどのような混乱を引き起こしたか、そのすべてをもしあなたが理解できたら、私と同じように、この職業に対して嫌悪感を覚えるでしょう。イギリス権力の一つの主要な鍵は法廷ですし、法廷の鍵は弁護士たちです。もし弁護士たちが弁護士業を辞め、その職業を娼婦のように低いものとしたら、イギリス支配は一日で倒れるでしょう。弁護士は、私たちが争いを好み、法廷、宮廷という水の中にいる魚だ、とインド国民を非難しているのです。

弁護士について私が使っていることばは、そのまま判事たちにもあてはまります。両者は従兄同士で、たがいに助け合っているのです。

一二　インドの状態(続)——医者

読　者　弁護士のことは分かります。弁護士たちがよいことをしたのは、偶然であったように思えます。職業を見るとまさに低いものです。しかし、医者をもあなたは一緒に引きずり込んでいます。それはどうしてですか?

編集長　あなたの前に出している考えは、私自身のものです。しかし、それは私だけが考えたものではありません。西洋の改革者たちは、私以上に激しいことばで書いています。弁護士、医者たちをとても非難しています。そのうちの一人の著作家は、一本の毒の樹*としました。その樹の枝を、弁護士、医者など無用な職業に従事する者とし、その樹の幹に道徳という斧を振り上げています。不道徳をそのすべての職業の根としています。ですからあなたは分かるでしょうが、私があなたの前に自分のポケットから取り出した新しい考えを示したのではなく、ほかの人々と同じように自分の経験を出しているのです。

あなたが医者にまだ惑わされているように、私も惑わされていました。かつて私自身、医者になろうとしていましたし、医者になって社会に奉仕しなければならないと考えていました。いまではその惑いはなくなっています。私たちのところでは、医者の職業はよい職業とされていませんでしたが、それをいま私は気づくようになりましたし、その考えを評価できるようになっています。

イギリス人たちは医術によっても私たちを支配しています。医者たちの気取りには限りはありません。ムガル皇帝を迷わせた者はイギリス人の医者でした。医者は、皇帝の家族の病気を治したので、大いに報われたのでした。貴族のところへ近づく者もその医者です。

医者は私たちを錯乱させてしまっています。医者よりも偽医者のほうがよい、と私はいいたい気持になります。さあ考えてみましょう。

医者たちの職務は身体の世話をすることです。身体の世話をするだけかというと、そうではありません。医者たちの務めは、病気になったら治さなければなりません。どうして病気になるのでしょうか？　まさに私たちの不注意によってです。私はたくさん食べます、消化不良になります、医者のところへ行くと、錠剤をくれます。私は治ります。

またたくさん食べて、また錠剤をもらいます。こうなったのは薬のせいです。もし錠剤を使わないとしたら、消化不良の罰を受け、二度と過食しないようにしたでしょう。医者が間に入ってきて、過食を助けてくれたのでした。それで身体は楽になりましたが、心は弱くなってきて、このようにして最後には、心をまったく抑えられないような状態になってしまいました。

私は享楽に耽けりました。私は病気になりました。医者は薬を出しました、私は回復しました。二度と享楽に耽けらないでしょうか？　耽けりますとも。もし医者が間に入らなかったとしたら、自然はその力を発揮したでしょうし、心は強固なものとなり、最後には享楽を捨てて幸せになったでしょう。

病院は罪悪の根源です。病院があるので、人間は身体にあまり注意を払いませんし、不道徳がはびこるのです。

ヨーロッパの医者たちは悪の極みです。身体の誤った治療のために、何十万の動物たちを毎年、殺していますし、生きている動物に実験をしています。このようなことをどの宗教も認めていません。ヒンドゥー教、イスラーム教、キリスト教、パールスィー教、すべては、人間の身体のために、これほどの動物を殺す必要はない、といっています。

医者たちは私たちを宗教上堕落させています。医者たちの多くの薬には、油脂かアルコールが入っています。この二つのうちの一つとして、ヒンドゥー教徒、イスラーム教徒が口にするようなものではありません。私たちが、文明化したと振るまい、すべてを迷信として、好き勝手にするのなら、それは別のことです。しかし医者たちが、上に述べたようにしているのは間違いありません。

この結果、私たちは実体のない者となり、男らしさを失っています。このような状態で、私たちは人々に奉仕するに価しない者となり、体力も知力も失ってしまいます。イギリスやヨーロッパの医術を学ぶことは、隷属の結び目を強固にするためです。

私たちが医者にどうしてなるか、それも考えなければなりません。本当の理由は、名誉とお金が稼げる職業だからです。他人のためになるからではありません。この職業は他人のためではない、と私はすでに話しています。ですから人々に被害が及ぶのです。医者たちは気取って人々から多額の治療費を受け取りますし、一パーイー*の価の薬を出して一ルピー*受け取るのです。このように信用し、回復への希望から人々は騙されているのです。このようであるのなら、善良さを気取る医者たちよりも、はっきりとした偽医者のほうがよいとされます。

一三　真の文明とはなにか

読　者　あなたは鉄道を拒絶しましたし、弁護士を非難し、医者を屈服させました。あなたは機械そのものを有害とされるでしょう。私には分かるのです。では、文明とはなにをいうのですか？

編集長　その質問への返答は困難ではありません。私は信じているのですが、インドが示した文明に、世界のどの文明も到達できそうもありません。私たちの祖先が播いた種子に匹敵できるようなものは見られません。ローマは滅亡してしまい、ギリシャは名ばかりのものとなり、ファラオの帝国は滅び、日本は西洋の爪に捕えられてしまいました。中国についてはなにもいえません。しかし、低迷しているとはいえ、インドの基盤はまだまだ強固です。

ローマとギリシャは滅んでいますが、ローマとギリシャの本からヨーロッパの人々は学んでいます。ローマとギリシャの過ちを自分たちはしないようにと考えています。ヨーロッパの人々の状態はこのように惨めなものですが、インドは不動です。これこそがインドの栄光です。インドへの非難は、ひどく野蛮、無知なので、どのような変革も受け入れられないというのです。この非難は、私たちの長所で、短所ではありません。経験から私たちによいと思われるものを、どうして変えられるでしょうか？　多くの助言を押しつける人々が出入りしていますが、インドは不動のままです。これがインドのすばらしさであり、これがインドの錨です。

文明とは、人間が自分の義務を果す行動様式です。義務を果すことは道徳を守ることです。道徳を守ることは、私たちの心と感覚器官を統御することです。このようにして、私たちは私たち自身を認識するのです。これはまさに、「よい（ス）」、つまり、よい行為*（スダーロ）なのです。ですから反意語は、悪い行為（クダーロ）です。

多くのイギリス人著作家たちはすでに書いていますが、上に述べた解釈に従えば、インドにとって学ぶべきことはなにもないのです。このことは正しいのです。私たちは見たのですが、人間の心は落ち着いていません。心はさまよい続けています。身体に多くのものを与えると、もっと要求します。たくさんもらっても幸せにはなりません。享楽に耽けりながら、もっと耽けりたい気持になります。ですから祖先たちは規範を設けたのです。熟慮の末に見たのですが、幸せ不幸せの原因は心です。富裕な人は、裕福であるからといって、幸せではありません。貧しい人々は貧しいからといって、不幸せではありません。裕福な人が不幸せでいるのが見られますし、貧しい人が幸せでいるのが見られ、何千万何億の人たちが貧しいままです。このように見て、祖先たちは享楽に耽ける欲望を思い止まらせたのでした。何千年前の鋤を私たちは使いましたし、何千年前のような粗末な小屋を私たちは残しました。何千年前の私たちの教育を存続させました。私たちは致命的な競争をしませんでした。全員がそれぞれの職業を続けました。慣行に従って代価を得ました。私たちが機械など発明できなかった、というわけではありません。しかし、機械などやっかいなことに人間たちが巻き込まれると、奴隷になり、自分の道徳を捨てるようになる、と祖先たちは分かっていました。祖先たちは熟慮し、私たちは自分の手足でできることをしなければならない、といったのでした。手足を使うことにこそ真の幸せがあり、そこにこそ健康があるのです。

祖先たちは、大都市は無用でやっかいなものと考えました。そこでは人々は幸せにはなりません。そこでは盗賊団や娼婦街がはびこりますし、貧しい人間たちは金持たちに略奪されてしまいます。それで祖先たちは小さな村で満足したのでした。

祖先たちは、王たちと王の剣より道徳力のほうがずっと強力であると見ていました。それで、王を道徳的な偉人たち――聖仙*と托鉢僧*――より下に置いたのでした。国の気質がこのようであれば、ほかの人たちに教える資格があり、ほかの人たちから学ぶ立場にはありません。

この国には、法廷があり、弁護士*たちがいて、医者*たちがいました。しかし、すべては決められた規則に従っていました。その職業は名誉あるものではない、と皆が知っていました。それに弁護士たち、医師たちなどは人々を略奪してはいませんでした。その人たちは人々に養われていたのでした。人々の上に立ってはいませんでした。裁きは公正に行われていました。法廷に行かないのが人々の仕来たりでした。人々を騙すような利己的な人はいませんでした。このような腐敗は首都の周辺だけに見られていました。一般の民はそれから離れて、自分の田畑を耕作していました。一般の民の前に真の自治がありました。

それに、呪われた文明が及んでいないところに、まだかつてのインドがあるんです。新奇をてらった意見をしてごらんなさい。笑い飛ばされてしまいますよ。そこをイギリスは支配していませんし、あなただって支配できませんよ。

人々の名において、私たちは話をしていますが、その人たちを私たちは知っていませんし、その人たちも私たちを知らないのです。あなたと愛国者たちへ私の助言ですが、まずインドを——鉄道が通っていないような地域を——六ヶ月歩き、それから愛国心を、その後で、自治を語らなければなりません。

さあ、私が真の文明とはなにかを話しているのが、あなたには分かるでしょう。これまで私が描いたようなインドを変えようとする人がいたら、敵と知りなさい。その人は罪人です。

読　者　あなたがおっしゃったようなインドであるのなら、いいのです。しかし、何千何万の幼児寡婦がいて、二歳の女の子が結婚し、十二歳の少年少女が家庭生活をし、一人の女性が多くの夫と暮し、*ニヨーグの慣習があり、宗教の名において処女たちが娼婦となり、宗教の名において雄スイギュウやヤギが殺される国もインドですよ。それでもあなたがおっしゃった文明のしるしなのですか？

編集長　あなたは間違っています。あなたが示した欠陥はまさに欠陥なのです。それを誰も文明とはいいません。その欠陥はインド文明にもかかわらず残されたのです。それを除く努力はいつもされていましたし、これからもされるでしょう。私たちに新しい情熱が生み出されていますし、その欠陥を除くために情熱を傾けましょう。

私があなたに話した近代文明のしるしを、その文明の唱道者自身が示しています。私が述べたインド文明を、その信奉者が述べています。

どの国でも、どの文明の下にいても、すべての人は完全性を獲得しませんでした。インド文明の傾向は道徳を強化する方にあり、西洋文明は不道徳を強化する方にあります。ですから西洋文明を非文明(クダーロ)といいなさい。西洋文明は無神論であり、インド文明は有神論です。

このように理解し、信じて、インドの国益を願う人たちは、子供が母親にしがみつくように、インド文明にしがみついていなければなりません。

一四　インドはどのようにして解放されるか

読　者　文明についてのあなたの見解は分かりました。あなたがおっしゃったことを考えなければならないでしょう。しかし、すぐにすべてを受け入れるとは思ってはいらっしゃらないでしょう。そのような期待もされていないでしょう。あなたのこのような見解に従えば、インドを解放する、どのような方法をお考えですか？

編集長　私の見解を全員がすぐに受け入れるとは考えていません。私の見解を知りたいあなたのような人たちに伝えること、これこそが私の義務です。後で、受け入れるか受け入れないかは、時が知らせるでしょう。

インドを解放する方法については、実をいえば、私たちはすでに見てしまっています。もっとも別の形で見たのですが。さて、私たちは本質を検証することとします。

病気になった原因を除けば病人は回復する、これはよく知られていることです。これと同じように、インドが隷属するようになった原因を除けば、インドは束縛から解放されます。

読　者　あなたが考えていらっしゃるように、インドの文明が至高であるのに、インドはどうして隷属するようになったのですか？

編集長　文明とは私がいった通りですが、すべての文明は危機にさらされるものです。不動の文明は、最終的に危機を乗り切ります。インドの息子に欠陥があったので、文明は危機に陥ったのでした。しかし危機から脱する力があり、それがインドの文明のすばらしさを示しています。

さらに、全インドが危機に陥っているわけではありません。西洋の教育を受け、その罠にはまった人々こそが奴隷になったのです。私たちは世界を小さな尺度で測っています。私たちが奴隷であるので、世界をそのように考えています。私たちが悲惨な状態にいるので、全インドがそのようであると思っています。事実はそうではまったくありません。それでも自分たちの隷属はインドのせいだとしているのです。しかし上に述べたことを念頭に入れれば、私たち自身が隷属から解放されれば、インドは隷属から解放されると思わなければならない、と理解できるでしょう。このことで、あなたはいま自治の定義を見つけるでしょう。私たちが私たち自身を治めることこそが自治ですし、その自治は私たちの手中にあるのです。

その自治を夢のように思わないでください。思うだけでただ坐ったままでいるのは、自治ではありません。その自治は、あなたが味わった後で、ほかの人たちに味わわさせようと生涯、努力するようなものです。しかし、大事なことは、一人一人が自治を享受しなければならないのです。溺れる者は他人を救えませんが、泳げる者は渡るでしょう。私たち自身が奴隷でありながら、ほかの人たちを解放すると口にすることは、可能ではありません。

しかし、これだけで十分ではありません。私たちはさらに考えなければならないでしょう。

私たちが、イギリス人を国外追放する誓いを立てる必要はない、とだけはもうあなたは分かったことでしょう。イギリス人がもしインド人となって住むのなら、私たちは取り込むことができます。もしイギリス人が自分の文明と共に住みたいとしたら、インドに場所はありません。このような状態にすることは私たちの手中にあります。

読　者　イギリス人がインド人になるとあなたはおっしゃっていますが、それは不可能です。

編集長　そのようにいうことは、イギリス人が人間でないというのと同じです。イギリス人たちが私たちのようになるかならないかは、どうでもいいことです。私たちが自分の家を掃除した後で、住めるような人だけが住むでしょうし、ほかの人たちは自分から去って行くでしょう。このようなことは一人一人が経験していることでしょう。

読　者　そのようになったのは、歴史の上で読んではいません。

編集長　歴史の上で見ていないから可能ではない、と信じるのは卑下していることになります。私たちが理性で理解できることは、試してみなければなりません。

それぞれの国の状態は同じではありません。インドの状態は比類のないものです。インドの力は計り知れません。ですから、私たちはほかの国の歴史とあまり関係を持っていません。私があなたに示したように、ほかの文明は滅んでしまいましたが、インドの文明はびくともしませんでした。

読　者　私にはこのすべての話は正しいと思えません。私たちは戦ってイギリス人を追い出さなければならないでしょう。このことに疑いはありません。イギリス人たちがこの国にいる限り、安心してはいられません。「従属*している者には、夢の中でも幸せはない」。このような例が見られます。イギリス人たちがいるから、私たちは弱体化しています。精気は失われ、人々は恐慌をきたしているように見えます。イギリス人たちは私たちの国にとって死神そのものです。その死神をなんとしてでも追い出すことにこそ、解放があるのです。

編集長 あなたは私のいったことを、興奮のあまりすっかり忘れてしまっています。イギリス人たちを連れて来たのは私たち、イギリス人たちがここにいるのは私たちのせい。私たちがイギリスの文明を受け入れたので、イギリス人はここにいられるのです。それをどうして忘れているのですか？　イギリス人たちをあなたは嫌悪していますが、イギリス人たちの文明を嫌悪しなければなりません。それでも私たちが戦ってイギリス人を追い出す、としましょう。それはどうしてできますか？

読　者 イタリヤがしたように。マッツィーニとガリバルディーがしたことは、私たちにもできますよ。二人が偉大な英雄になったことをあなたは否定できませんね。

一五　イタリヤとインド

編集長　あなたはイタリヤというよい例を出しましたね。マッツィーニ*は聖者でした。ガリバルディー*は偉大な戦士でした。両者は尊敬に価する人でした。両者から私たちは多くを学ぶことができます。しかしイタリヤの状態とインドの状態は違うのです。

まず最初に、マッツィーニとガリバルディーとの相違を知らなければなりません。マッツィーニの大望は別のものでした。マッツィーニが考えていたことは、イタリヤで実現しませんでした。マッツィーニは人間の義務について書きながら、一人一人の人間は自治を享受する者とならなければならない、と示したのです。それはイタリヤでは夢となってしまいました。ガリバルディーとマッツィーニの間に相違が生れてしまったことは記憶しておきなさい。ガリバルディーは一人一人のイタリヤ人に武器を渡しましたし、一人一人のイタリヤ人は武器を受け取りました。

イタリヤとオーストリヤ、両国には文明の相違がありませんでした。両国は「従兄同士」とされます。「報復」のような気持がイタリヤにはありました。イタリヤをオーストリヤの軛から解放させたい、とガリバルディーには迷いがありました。そのためにガリバルディーはカヴール*を使って陰謀を企てましたが、それはイタリヤの名誉に傷をつけるものです。

それで最後にはどういう結果になったでしょう？　イタリヤをイタリヤ人が支配しているから、イタリヤ人は幸せである、と思っているのなら、あなたは暗闇の中で手探りしている、と私はいわなければなりません。イタリヤは解放されていない、とマッツィーニははっきりと示しています。イタリヤの意味をヴィットーリョ・エマヌエレ二世は次のように取りましたが、マッツィーニはもう一つの意味に取りました。エマヌエレ、カヴールとガリバルディーの心では、イタリヤ、すなわちエマヌエレかイタリヤの国王と国王の臣下。マッツィーニに従えば、イタリヤの意味は人々、イタリヤの農民こそがイタリヤ。エマヌエレなどは人々の使用人。マッツィーニのイタリヤはまだ隷属状態にあります。二人の王の間でチェスのゲームが行われていました。イタリヤ国民は歩にすぎませんでしたし、いまでもそうです。イタリヤの労働者たちはいぜんとして不幸せです。イタリヤの労働者たちの訴えは聞き入れられていませんから、殺人をし、争議を起こしていますし、反乱が起こる恐れがいぜんとしてあるのです。このようでは、オーストリヤの撤退でイタリヤはどんな利益を得たでしょうか？　ほんの名ばかりの利益でした。改革のために戦争を起こしたのに、改革は行われませんでしたし、国民の状態は改善されていません。

インドをこのような状態にするつもりは、あなたにはありませんね。私は信じているのですが、あなたの考えは、インドの何千万何億の人たちを幸せにすることであり、あなたや私が支配権力を手にすることではありません。もしそうなら、私たちは一つのことを考えなければなりません。それは国民がどうしたら独立するかです。

あなたも認めるでしょうが、いくつかの藩王国で人々は踏みにじられています。藩王たちは非道なまでに人々を迫害しています。藩王たちの非道さはイギリス人以上です。このような非道さをあなたがインドで望むのなら、私たちの反りは合いません。藩王国で人々が踏みにじられたままにしておくように、と私の愛国心は教えていません。私に力があれば、イギリス人の専制に抵抗するように、藩王国の専制に抵抗して戦います。

愛国心を私は国益と理解しています。もし国益がイギリス人たちの手で守られれば、私は今日でもイギリス人に頭を下げます。もしあるイギリス人が、インドを解放しなければならない、圧政に抵抗しなければならない、人々に奉仕しなければならない、といったらそのイギリス人を私はインド人として心から受け入れるでしょう。

それに、イタリヤのようにインドが武器を手にして戦うとは、内戦(マハーバーラタ)のような状態になる、とあなたはまったく考えなかったようですね。イギリス人は完全武装です。だからといって私は恐れていません。しかし分かっていることですが、イギリスの武器を使ってイギリス人と戦うようになれば、インドを武装しなければならないでしょう。もし武装が可能であれば、何年かかることでしょうか? さらに、インドを武装させることは、インドをヨーロッパのようにすることと同じです。もしそうなると、ヨーロッパの悲惨な状態がインドのものとなるのです。簡単にいうと、インドはヨーロッパの文明を受け入れなければなりません。もしこのようになるのなら、その文明に熟達している人たちこそを住わせるのがよいのです。その人たちとちょっと戦っていくらかの権利を獲得しましょう。獲得できなければ、日々を過しましょう。

しかし、インド国民は武器をけっして取りませんよ。取らないのは正しいことです。

読　者　あなたはずいぶん先走ってしまいました。全員が武装する必要はないのです。

私たちはまずいくつかの暗殺を行い、恐怖に陥れましょう。それからわずかな人々が武装して、公然と戦うでしょう。この戦いで、二〇〇万から二五〇万のインド人が死ぬのは、たしかです。しかし最後に私たちはインドを手にするのです。私たちはゲリラ戦を行ってイギリス人を打ち負かすのです。

編集長　あなたの考えは、インドの神聖な大地を悪魔のようにしたいようです。暗殺でインドを解放しようと考えて、あなたはぞっとしないのですか？　私たちは自分の命を犠牲にしなければなりません。というのは、男らしくなくなっているので、私たちは暗殺を考えるのです。このようなことをして、あなたは誰を解放するというのです。インド国民はこのようなことをけっして望みません。私たちのように、悲惨な文明のマリファナを飲んだ者だけが、酔ってこのようなことを考えるのです。暗殺で権力を握る者は国民を幸せにはしません。ディーングラー*がした暗殺、インドで行われた暗殺で、利益があったように信じている人々は重大な過ちを犯しているのです。ディーングラーを私は愛国者だと思っていますが、その愛国心は狂信でした。ディーングラーは自分の身体を誤った道で犠牲にしたのです。ですから最後には有害となったのです。

読　者　イギリス人はこの暗殺で脅えてしまい、モーリ卿が与えたものは、そのような恐怖心からだ、とあなたは認めなければなりませんね。

編集長　イギリス人は憶病であると同じように勇敢な国民です。銃火にすぐ影響されるのは認めます。モーリ卿が与えたものは、その恐怖心からだったかもしれません。しかし恐怖心から与えられたものは、恐怖心がある限り保たれるものです。

一六　銃　火

読　者　恐怖心から与えられたものは恐怖心がある限り保たれる、これはまた、奇妙なことをおっしゃいました。与えたものは与えたもの。撤回されるものですか？

編集長　そうではないのです。反乱の終りに、平和秩序を維持するため、一八五七年*の宣言が出されました。平和秩序が確立され、人々が信じやすくなったとき、宣言の意味は変えられました。私が罰を恐れて盗みをしないとします。罰の恐れがなくなったら、盗みをしたい気持になりますし、盗みをするでしょう。これはごく普通に経験されることです。否定されるようなものではありません。強制して人々を働かせることができる、と私たちは思っていましたし、そのようにこれまでやってきたのです。

読　者　そのようにおっしゃると、あなたのこれまでの論法に反することになりませんか？　イギリス人たちが獲得したものは暴力を行使してである、とあなたは認めなければならないでしょう。イギリス人たちが獲得したものは役立たずである、とあなたはすでにおっしゃっています。それを私は覚えています。しかし、私の論法に影響は与えません。イギリス人たちは役立たずのものを手に入れようと決心し、獲得したのでした。私がいいたいのは、イギリス人たちの意図は果されたということです。手段がなんであったかは問題でしょうか？　私たちの目的がよいものであれば、どのような手段ででも、暴力を行使してでも、どうして目的が達せられないのでしょうか？　泥棒が私の家に侵入するとします、そのとき私は手段について考えるでしょうか？　私の義務はなんとしてでも泥棒を追い出すことです。

あなたは認めていらっしゃるようですが、請願で私たちはなにも獲得していませんし、これからもないでしょう。だとしたら、暗殺をしてでも獲得しようではありませんか？　必要と思える期間、暗殺への恐怖心が続くようにさせましょう。子供が火に足を入れようとすれば、子供を火から救うために私たちは力を使いますが、あなたも悪いとは思わないでしょう。なんとしてでも私たちは目的を達成しなければならないのです。

編集長　あなたはよい論法を出しましたね。その論法で多くの人たちが欺かれているのです。私もそのような論法を使っていました。しかし、いま私の目は開かれていますので、自分の間違いを見ることができるのです。あなたにそれを伝える努力をします。

イギリス人たちは暴力を行使して獲得した、だから私たちもそのように獲得する、まず最初にこのことを考えてみましょう。イギリス人が暴力を行使したし、私たちもできる、これは正しいのです。イギリス人たちが獲得したのと同じものを、私たちは獲得できるのです。しかし、そのようなものは私たちにまったく要らない、とあなたは認めますね。

手段と目的との間になんの関係もない、とあなたは信じていますが、それはとんでもない過ちです。その過ちで、敬虔とされている人々が恐しい罪を犯しているのです。それは有毒なツタを蒔いて、そこからジャスミンの花を望むようなものです。私が海を渡る手段は船だけです。もし牛車を水の中に入れれば、牛車と私は水の底に沈んでしまいます。「神に合わせて礼拝」、これは考えるに価することばです。これが曲解され、人々は騙されています。手段は種子です。そして、目的――獲得すべきもの――は樹木です。ですから種子と樹木との間にある関係が、手段と目的との間にあるのです。悪魔を礼拝して、私が神への礼拝の結果を望んだとしたら、それは不可能です。私たちは神を礼拝しなければならない、たとえ手段は悪魔であろうとも、としたらまったくの無知です。自業自得です。イギリス人たちは、一八三三年*に暴力を行使して、選挙の特権を獲得しました。暴力を行使して、イギリス人たちは、自分の義務が理解できたでしょうか？イギリス人たちの考えは権利を獲得することであり、暴力を行使して獲得したのでした。真の権利は義務の結果である、これを獲得しませんでした。結果として、皆が権利を獲得しようと努力し、義務は眠ってしまいました。皆が権利を口にするところで、誰が誰に権利を与えるでしょうか？　イギリス人たちは義務をまったく果していない、とここでいうつもりはありません。しかし要求した権利を受けて、それ相応の義務は果していません。イギリス人たちは能力資格を獲得しませんでした。それで権利は首かせのようなものになってしまいました。つまり、手にした権利は、行使した手段のまさに結果です。イギリス人たちは目的に適《かな》う手段を行使しました。

私があなたの時計をひったくろうとしたら、暴力に訴えなければならないでしょう。しかし、もしあなたの時計を買おうとしたら、代価を支払わなければならないでしょう。もし贈物として手に入れようとしたら、私はお願いしなければならないでしょう。時計を手に入れるために私が使った手段によって、盗品、私の品物、贈物となりました。三つの手段の結果は別々となりました。さあ、手段なんてどうでもいい、とどうしていえますか？

さて、泥棒を追い出す例を取り上げます。泥棒を追い出すのにどんな手段でも使えるというあなたの考えに、私は同調しません。

もし私の家に父親が盗みに入るとしたら、一つの手段を使います。誰か知り合いが盗みにやって来たとしたら、同じ手段は使いません。さらに、誰か見知らぬ人がやって来たら、第三の手段を使います。もし泥棒が白人ならある手段、インド人なら別の手段、あなたならたぶんそういうでしょう。もし弱々しい少年が盗みにやって来たら、まったく別の手段を使います。もし泥棒が、力で私と同じほどであれば、さらに別の手段、もし武装していて強力であれば、私は黙って寝たふりをします。このように父親から始まって武装した泥棒までの間に、別々の手段が使われます。父親であっても私は寝たふりをしていると思います。あの武装している泥棒であっても寝たふりをします。父親にも力がありますし、武装している泥棒にも力があります。二人の力に屈服して、私は自分の品物を持って行かせます。父親の力は哀れみから私を泣かせますし、武器の力は私の心に怒りを生み出します。私たちは仇敵となります。このように奇妙な状態です。この例から見ても、私たち二人は手段について決められません。泥棒についてなにをしなければならないか、私は思いついています。しかし、その方策はあなたを怒らせるでしょうから、あなたには出せません。自分で理解するようにしてください。理解できないとしても、それぞれの場合、別々の手段を取らなければならない、泥棒を追い払うためにどんな手段も使えないことだけは分かったでしょう。それに使う手段によって結果が出るでしょう。あなたの義務は、なんとしてでも泥棒を追い払うことではありません。

ちょっと先に進みましょう。あの武装した泥棒があなたの品物を持って行った。あなたは忘れていない。あなたは怒っている。あなたはその悪党を、自分のためではなく世間の人々のために、罰したいと思っている。あなたは人々を集めた。悪党の家に攻撃をかけた。悪党は知った。逃走してしまっている。悪党はほかの盗賊たちを集めた。ひどく腹を立てている。あなたの家を白昼、略奪するといって寄こした。あなたは強いから恐れない。あなたは備えている。この間、盗賊たちはあなたの近所の人たちを悩ませる。人々はあなたに苦情を訴える。あなたはいう。「私はあなたのためにこうしているんだ。私の品物は盗まれたが、たいしたことではなかった」。人々はいう。「以前、盗賊たちは我々を略奪していなかった。あなたが賊と戦うようになってから、盗賊たちは略奪を始めたのだ」。あなたは窮地に立たされてしまった。貧しい人たちにあなたは同情している。近所の人たちがいうことは正しい。さあ、なにをしなければならないか？　盗賊たちを見逃そうか？　見逃したらあなたの体面はつぶれてしまう。体面は誰にとっても大切なものだ。あなたは貧しい人たちにいう。「心配しないで。さあ、私の財産はあなたたちのもの。あなたたちに武器を渡そう。武器の使い方を教えよう。悪党を殺しなさい。見逃してはならない」。このように戦闘は激しくなった。盗賊たちは増えた。人々は自分の手で困った状態にしてしまった。泥棒に敵意を持った結果、安眠を売って不眠を買ってしまった。平和だったのに不穏となってしまった。以前は死が訪れたとき、死を迎えていたものなのに、いまではいつ殺されてもいいような日々となった。勇敢であるあなたが憶病になってしまった。あなたが辛抱強く考えたら、私が誇張していっているのではないと分かるでしょう。これが一つの手段。

さあ、もう一つの手段を検討しましょう。あなたは、泥棒を愚か者であるとし、いつか機会があれば説得しようと決めた。泥棒だって人間であるとあなたは考えた。なんの理由で盗みをしたのか、あなたにどうして分かるだろうか？　あなたにとってよい道は、時が来れば盗みの種子を取り除くことだ。このように考えているうちに、あのお兄様がまた盗みにやって来た。あなたは腹を立てない。哀れみを覚えた。この人は病人なのだと思った。あなたは扉や窓を開けたままにしておいた。寝る場所は変えた。品物をすぐに持って行けるようにしておいた。泥棒はやって来た。びっくりしてしまった。これはまた、なんと奇妙な様子を見たからだ。品物は持って行ったが、心は落ち着かない。村で調べた。あなたの慈悲深さを知るようになった。後悔して、あなたに許しを請うた。品物を返しにやって来た。泥棒稼業を止めた。あなたに仕えるようになった。あなたはちゃんとした職につけてやった。これがもう一つの手段。

異なる手段から異なる結果となることが分かるでしょう。すべての泥棒がこのように振るまうとか、すべての人にあなたのような慈悲心がある、とこのことから証明したいとは思いません。しかし、よい結果をもたらすために、よい手段が必要であるとだけは示したいと思います。さらに、いつもではありませんが、ほとんどの場合、武器の力より慈悲の力がもっと強力です。武器には害がありますが、慈悲にはけっしてありません。

では、請願のことを取り上げましょう。背後に力のない請願は無益なもの、これには疑いの余地もありません。それでも故ラーナデー*判事は、請願は人々を教育する手段である、といっていました。それによって、人々に自分の立場を気づかせ、支配者に警告できるからです。このように考えると、請願は無益なものではありません。対等の人が請願すれば、その人の礼節のしるしとされるでしょう。奴隷が請願すれば、奴隷であることのしるしです。背後に力のある請願は、対等の人の請願で、自分の要求を請願として伝えれば、その人の家柄のよさを示すものです。

請願の背後には二つの力があります。一つは、「与えないとあなたを殺す」。これは銃火の力です。その悪い結果を私たちはすでに見てしまっています。第二の力は、「あなたが与えなければ、私たちは請願者にはならない。私たちが請願者でいるかぎり、あなたは皇帝のままだ。私たちはあなたと関係を持たない」。この力を慈悲の力といっても、魂の力、あるいはサッティヤーグラハ*といってもかまいません。この力は不滅ですし、この力を使う人は自分の立場を正しく理解している人です。私たちの祖先は、「一*つの拒絶は三十六の病いを治す」、にこの力を取り込んでいます。この力を持つ人に武器の力は役立ちません。

火に足を入れる子供を阻止する例を調べると、あなたは降参することになりますよ。あなたは子供になにをしようとするのですか？　子供があなたに力を振るうことができ、押し退けて火に入る、と仮定してごらんなさい。子供はためらわずに火に入りますよ。あなたには二つの方法しかない。火に入るのを阻止するため、あなたが子供の命を奪うか、子供が火に入るのを見ていられないから、あなたが自分の命を捧げるかだ。あなたは子供の命を奪いたくない。あなたに慈悲の心が満ちあふれていない限り、自分の命を捧げるのは可能でない。それで、しかたなく子供を火に入らせる。つまり、あなたは子供に武器の力を行使しない。あなたがほかのやり方で子供を阻止できるのなら、阻止しなさい。それは低次元のもの。しかしそれを武器の力と思わないように。その力は別の種類のもので、よく理解しなければならない。

さらに、子供を阻止することに、あなたは子供のためだけを考えている。統御したいと思っているのは、その者のために統御する。この例はイギリス人に当てはまりません。あなたがイギリス人に武器の力を使いたがっているのは、あなた自身の、つまり民族のためを考えているからです。慈悲はこれっぽっちもありません。イギリス人が行う非道がその火で、イギリス人は無知から入っている、その火から慈悲で無知なもの、つまり子供を救いたいと思う、とあなたがもしいうのなら、非道なことをどんな人がしようとも、そこに駆けつけなければならないでしょうし、そこで相手の——子供の——命を奪う代わりに自分の命を犠牲にしなければならないでしょう。それだけの努力をしようと決心しているのなら、どうぞおやりになってください。不可能ですよ。

一七　サッティヤーグラハ――魂の力

読　者　あなたはサッティヤーグラハとか魂の力についておっしゃっていますが、その歴史的証拠はなにかありますか？　今日まである民族がそのような力で興った例は見られていません。こらしめることなしに悪者はまともにならない、これはいまでも経験されていることです。

編集長　詩人＊トゥルスィーダースは歌っています。

「慈悲は宗教の根源
罪の根源は傲慢
トゥルスィーはいう
身体に命がある限り
慈悲を捨てないように」

私にはこのことばが公理のように思えます。二たす二が四となるように、上のことばを信じています。慈悲の力は魂の力、サッティャーグラハです。そして、この力の証拠はいたるところに見られます。その力がなかったとしたら、地上は地底に行ってしまったことでしょう。

しかし、あなたは歴史的証拠を求めています。ですから、歴史とはなにをいうのか、私たちは知らなければならないでしょう。

「歴史(イティハース)」の語義は「このようになった」です。この意味で取ると、サッティャーグラハの証拠はたくさん出せます。英語の単語の「歴史(ヒストリー)」は翻訳で、単語の意味は帝王たちの行跡です。この意味で取ると、サッティャーグラハの証拠はありえません。錫の鉱山で銀を探してもどうして見つかるでしょうか?「歴史(ヒストリー)」では世界の戦争の物語だけが見つかるでしょう。白人たちの諺があるのですが、「ヒストリー(戦争)」のない民族は幸せである。帝王たちがどのように享楽に耽けったか、どのように殺し合ったか、どのように仇同士になったか、そのすべてが「歴史(ヒストリー)」に見られます。もしこれこそが歴史であれば、もしこれだけであったら、世界はとっくのむかしに沈没していたことでしょう。もし世界の物語が戦争から始まったとしたら、今日、生き残っている人間は一人もいないでしょう。戦争の犠牲となった民族はまさにこのような状態になっているのです。オーストラリヤの原住民は根絶されてしまっています。オーストラリヤの白人たちは原住民をほとんど生かしておきませんでした。根絶された人々は*サッティヤーグラヒーではありませんでした。生き残った人は、オーストラリヤの白人たちもそのような状態になると見るでしょう。「剣を使う者は剣で死ぬ」、「泳ぐ者の死は水の中で」、そのような諺が私たちにあります。

世界にまだこれほど多くの人間がいることは、世界の基礎は武器ではなく、真理、慈悲、つまり魂の力であることを伝えています。ですから、歴史的に強力な証拠は、世界が多くの戦争や争乱にもかかわらず生き続けていることです。ですから戦争の力よりもほかの力が世界の基礎なのです。

何千何万、いや何十万の人々が仲よく暮していますし、何千万何億の家族のいさかいは愛情の中に取り込まれています。何百という民族は平和に暮していますが、それを「歴史（ヒストリー）」は記録しませんし、できもしません。この慈悲の、愛や真理の流れがせき止められ、分断されると、「歴史（ヒストリー）」に記録されます。ある家族の二人の兄弟が争った。一人が相手に対してサッティヤーグラハを行使した。後で二人は仲よく暮しだした。これを誰が記録するでしょうか？　もし二人の兄弟の間で、弁護士の助けやほかの理由で憎しみが増したり、武器や法廷(法廷は一種の武器、腕力です)で争ったら、名前が新聞に出て、隣近所の人々が知るようになり、「歴史」におそらく記録されたことでしょう。家族、共同体、地域社会と同じように、民族についても理解しなければなりません。家族にはある規則、民族にはほかの規則と信じなければならない理由はなにもありません。「歴史」は不自然な出来事を記録します。サッティヤーグラハは自然なものですから記録されません。

読　者　あなたのおっしゃっていることによれば、サッティヤーグラハの例は歴史に記録されえないと分かります。このサッティヤーグラハをもっと理解しなければなりません。なにをおっしゃりたいのか、もっとはっきり説明してくださるとよいのですが。

編集長　サッティヤーグラハ、または魂の力は英語で「受動的抵抗(パッスィヴ・レジスタンス)」といわれています。この語は、人間たちが自分の権利を獲得するために自分で苦痛に耐える方法として使われています。その目的は戦争の力に反するものです。あることが気に入らず、それをしないときに、私はサッティヤーグラハ、または魂の力を使います。

例として、私に適用されるある法律を政府が通過させたとする。私には気に入らない。

そこで私が政府を攻撃して法律を廃止させるとすると、腕力を行使したことになる。もしその法律を受け入れず、そのために下される罰を受けるとすると、私は魂の力またはサッティヤーグラハを行使することになる。サッティヤーグラハで私は自己犠牲をする。

自己犠牲は他人を犠牲にするよりよい、と誰もがいうでしょう。それにサッティヤーグラハ闘争をしているとき、闘争が偽りであれば、闘争している人だけが苦痛を被ることになります。ですから自分の間違いの罰を自分で受けるのです。人間が間違って反対してしまったような出来事はたくさんありました。誰もがこの仕事は悪いと断定的にはいえないものです。しかしその人にそれが悪いと思えたとき、その人にとってそれは悪いのです。そうであれば、その人はそれをしてはなりませんし、苦痛は被らなければなりません。これがサッティヤーグラハの鍵です。

読　者　するとあなたは法律に反対していることになる！　これは忠誠心に反することとされる。私たちは法律を遵守《じゅんしゅ》する国民とずっとされている。あなたは過激派よりも先に行っているように思える。成立した法律は守らなければならない、しかし、悪法ならば法律を制定したものを追い払え、と過激派だっていっていますよ。

編集長　私が先に行っているとか、後退しているかは、あなたや私にとってどうでもいいことです。私たちはよいものを探し出して、それに従って行動したいと思っているだけです。

私たちが法律遵守の国民であることの本当の意味は、私たちはサッティヤーグラヒーの国民であることです。法律が気に入らないからといって、私たちが法律制定者の頭を叩き割るようなことはしません。しかし、その法律を撤回させるために私たちは断食をします。

よい法律であろうが悪法であろうが、私たちが受け入れるようになったのは最近のことです。以前はまったくそうではありませんでした。気が向けば、その法律を人々は破っていましたし、罰を受けていました。

法律が気に入らないのにもかかわらず、それに従うような教育は、男らしさに反しますし、宗教に反しますし、隷属の極みです。

政府が、裸になって踊るようにいったら、私たちは踊るでしょうか？　サッティヤーグラヒーであるのなら、私は政府にいいます。「その法律は自分の家に置きなさい。私はあなたの前で裸にならないし、踊りもしません」。それにもかかわらず、私たちは非サッティヤーグラヒーになっているので、政府の命ずるまま、裸になって踊るよりもっと下劣なことをしているのです。

人間性を失わず、神のみを怖れる人は、ほかの誰をも恐れません。ほかの人々が制定した法律はその人を拘束するものではありません。かわいそうな政府だって、「あなたはこのようにしなければならない」とはいわないものです。政府はいいます。「もしこのようにしなければ罰を受ける」。私たちはひどい状態に落ちてしまっているので、「このようにすること」を義務であり、宗教であると思い込んでいるのです。

不正に思える法律を遵守するのは男らしくない、と人々がもし一度学べば、どのような暴政も私たちを拘束できません。これが自治の鍵です。

多数意見を少数者が受け入れることは、神に背くもので、迷信です。そのような例は何千何万とみられるもので、多数意見が偽りで、少数意見が正しいのです。すべての改革は多数者に反対して少数者が導入したのです。タグの村で、多くの人々が強盗術を学ばなければならないといいます。一人の聖者がいるとします。その人は強盗になるでしょうか？　いいえ、いいえ。不正な法律を遵守しなければならないとの迷信が除かれないかぎり、私たちの隷属状態は続くでしょう。このような迷信はサッティヤーグラヒーだけが除去できるのです。

腕力を行使すること、銃火を行使することは、上に述べた私たちの原理を損なうものです。その意味は、私たちが気に入っているものを反対の人に認めさせたい、ということになります。もしそれが正しければ、後で、反対の人が自分のいったことを認めさせるため、私たちに銃火を行使する資格を持つようになります。このようにしていては、私たちは港に着けません。油屋の雄ウシのように目隠しされているので、前に進んでいると思い込んでいます。しかし、実は、その雄ウシのように私たちはぐるぐる回っているだけです。気に入らない法律を遵守するよう人間は拘束されていないと信じている人は、サッティヤーグラハこそ正しい手段と認めなければなりません。そうでないとたいへん恐ろしい結果になります。

読　者　あなたのおっしゃることから分かるのですが、サッティヤーグラハは弱者にとっては役立つものです。強者になれば大砲を使うでしょうね。

編集長　これはまた、なんと無知なことをいうのです。サッティヤーグラハは至高です。大砲の力よりずっと役立ちます。それなのにどうして弱者の武器とされますか？　サッティヤーグラハのために必要とされる勇気と男らしさは、大砲を使う者にありえません。憶病な人が自分の気に入らない法律を破れるとでも思っているのですか？　過激派は大砲を使うものです。なぜ法律を遵守するようにいっているのですか？　私は粗捜《あらさが》しはしません。過激派はほかのことがいえないのです。イギリス人を殺して支配するようになったら、私やあなたに法律を遵守させたいのです。性分からいってまさにそうです。しかし、サッティヤーグラヒーは、気に入らない法律を受け入れないようにといいます。たとえ後で砲口に縛りつけられようとしてもです！

あなたはなんと思っているのですか？　大砲を放って数百人を殺すのに勇気が要りますか？　それとも砲口に笑顔で縛りつけられるのに勇気が要りますか？　死を頭に頂いて進む人が勇者ですか、それとも他人の死を手中に握っている人が？　男らしくない人は一瞬たりともサッティヤーグラヒーではいられない、それを心にしっかりと留めなさい。

そう、身体虚弱な人でもサッティヤーグラヒーになれることは確かです。一人でもなれるし、何十万の人々でもなれます。兄弟たちもなれるように姉妹たちもなれます。軍隊を編成する必要はありません。インド相撲を習う必要はありません。自分の心を統御したら、森の王ライオンのように叫ぶことができます。その咆哮で敵となっていた者の心は裂けてしまいます。

サッティヤーグラハは万能の剣です。使いようによってはどのようにも使えます。使う人と使われる人は幸せになります。一滴の血も流しません。それでも大きな結果をもたらせます。錆びることはありません。誰も持っては行けません。サッティヤーグラヒーがもし競い合っても疲れることはありません。サッティヤーグラヒーの剣には鞘は要りません。それにもかかわらず、あなたがサッティヤーグラハを弱者の武器とするのは、まったくおかしなことです。

読　者　サッティヤーグラハはインドの特別な武器とおっしゃいましたが、大砲がインドで使われたことはなかったのですか？

編集長　あなたの心では、インドとは両手の掌ほどの王たちです。私の心では、インドとは何千万何億の農民です。その農民に依存して、王や私たちすべてが生きているのです。

王たちは武器を使うものです。それが王たちのやり方ですからね。命令をしなければなりません。しかし、命令される者に大砲は必要ではありません。世界の大半は命令される者です。大砲の力かサッティヤーグラハの力を学ばなければなりません。武器の力を学ぶところでは、王も人民も両者は狂人のようになってしまいます。命令される者がサッティヤーグラハの力を学んだところでは、王の暴虐は長剣が届く範囲外には及びませんでしたし、不正な命令を意に介しませんでした。農民は誰の剣の力にも屈服したことはありませんでしたし、これからも屈服しないでしょう。農民たちは剣の使い方を知りませんし、誰の剣も恐れません。死を枕にしていつも寝る偉大な人民です。死の恐怖を捨ててしまっていますから、あらゆる恐怖を捨てています。私はたしかに少し誇張した描写をしていますが、剣の力に圧倒されてしまっている私たちにとって、この描写は誇張ではありません。

農民や村人たちは、自分や国のことでサッティヤーグラハを行使しているのです。王が暴虐の限りを尽くせば、人民は怒ります。これがサッティヤーグラハです。覚えているのですが、ある藩王国で、ある命令が人民には気にいりませんでした。それで村を空にしだしたのでした。王は慌ててしまいました。人民に許しを請い、命令を撤回しました。このような例はたくさん見られますが、ほとんどがまさにインドの大地の産物なのです。このような人民のいるところに自治があります。このような人民のいない自治は悪政(クラージ)です。

読　者　それでは、身体を鍛える必要はまったくないとおっしゃるのですか?

編集長　どうしてそのように思ったのですか？　身体を鍛えずにサッティヤーグラヒーになることは困難です。甘やかし弱くしてしまった身体に宿る心も弱いものです。精神力がないところに魂の力がどこから生れるでしょうか？　私たちは、幼児婚などの悪習や安楽な暮しの悪癖を除いて、身体を鍛えなければなりません。軟弱な人に大砲の前に立つよう、私が不意にいったとしたら、自分を笑いものにするだけです。

読　者　あなたがおっしゃっていることから思えるのですが、サッティヤーグラヒーになるのは、なみたいていなことではありません。もしそうなら、サッティヤーグラヒーにどうしたらなれるか、説明してくださらなければなりません。

編集長　サッティヤーグラヒーになるのは容易です。しかし、容易であるだけに困難です。十四歳の少年がサッティヤーグラヒーになったのを私は見ています。病人がサッティヤーグラヒーになっているのも見ています。これも見ているのですが、身体頑健で生活に恵まれている人がなれませんでした。

経験から知ったのですが、国益のためにサッティヤーグラヒーになろうと願う人は、ブラフマチャルヤ*を守らなければなりませんし、貧しさを受け入れなければなりません。真理には仕えなければなりませんし、恐れを知らない気持がなければなりません。

ブラフマチャルヤは大いなる誓願です。これなしで心は強固なものとはなりません。非ブラフマチャルヤで人間は精気を失い、男らしくなくなり、劣ったものとなります。心が欲情に彷徨《さまよ》っている人はなにか困難なことはできません。このことは無数の例から示すことができます。すると、家庭生活を営んでいる人はなにをしたらよいかが問題となります。しかし、この問題を出す必要はありません。家庭を営む人の夫婦生活が欲情ではないと誰にもいえません。子供を生むためにだけ夫婦生活が許されています。ですからサッティヤーグラヒーは子供を生むことを願ってはなりません。このように家庭を営んでいながらもブラフマチャルヤは守れるのです。このことはもっとはっきりと書くようなものではありません。妻の考えはどうか？　このすべてをどうしてできるだろうか？　このような問いが生れます。それでも大きな目的に参加する人はこのような問題を解決しなければなりません。

ブラフマチャルヤが必要であるように、貧しさを受け入れることが必要です。金銭欲とサッティヤーグラハは両立できるようなものではありません。しかしここで、お金を持っている人に捨てるよう説くつもりはありません。しかし金銭については無執着でなければなりません。サッティヤーグラハに仕えているとき、お金が無くなろうとも心配してはなりません。

真理に仕えない人が真理の力をどうして見せることができましょうか？　ですから真理は完全に必要です。たとえどれほどの被害があろうとも、真理は放棄できません。真理に隠すものはなにもありません。ですからサッティヤーグラヒーの秘密軍はまったくありえません。これに関して、生命を守るために嘘をついてよいかどうかの問題を考えてはなりません。嘘をついて生命を守りたい人が、このような意味のない問いを出すのです。真理の道を行く人の前に、このようなジレンマはないものです。もしこのようにせっぱつまった状況に陥っても、真理の人はそこから免れます。

恐れを知らない気持なしに、サッティヤーグラヒーの車は一歩とも前へ進めません。恐れを知らない気持は、完全に、すべてのことについてなければなりません。財産、偽《いつわ》りの世間体、親類縁者、政府、負傷や死、すべてのことに恐れを知らない気持になるときにこそ、サッティヤーグラハは守れるのです。

このすべてをするのは困難だと思って捨ててはなりません。降り懸る災難に耐える力を、自然は人間だけに授けているのです。国に奉仕しない人でもこのような資質は守るに価します。

このほかにも分かることですが、武器の力を獲得しようとする人にもこれが必要とされるでしょう。望めば、誰もが勇者にすぐなれるようなものではありません。戦士はブラフマチャルヤを守らなければなりませんし、乞食にならなければなりません。恐れを知らない気持がなければ、戦場でいったい闘えるでしょうか？　戦士にとって真理誓願はそれほど必要ではない、と思う人がたぶんいるかもしれません。しかし、恐れを知らない気持があると、真理は自然と宿るものです。なんらかの恐れのために、人は真理を放棄するのです。

ですから、この四つの特質に恐れる必要はありません。このほかに剣士はいくつか無意味な努力もしなければならないのですが、サッティヤーグラヒーにはその必要はありません。剣士はほかの努力もしなければならないのですが、その理由は恐怖です。もし剣士がまったく恐れを知らない気持になると、その瞬間に剣は手から落ちてしまいます。剣の支えは必要ではありません。憎しみのない人に剣は要りません。ライオンの前に出た人の棒が自然と振り上げられました。恐れを知らないことの教訓をただ暗記していただけだ、とその人は知りました。その日から棒を捨てて、恐れを知らない人となりました。

一八　教　育

読　者　あなたはなにもかもすっかり話されましたが、教育の必要性についてはまだ示されていません。私たちは教育の欠如について不満をずっと持っています。全インドで義務教育を施す運動を私たちは見ています。藩王*ガーエクワールは義務教育を導入しています。すべての人の目が注がれています。私たちは藩王ガーエクワールに感謝しています。このすべての努力は無益とされますか？

編集長　もし私たちが自分の文明は至高であると信じているのならば、残念ながらいわなければならないのですが、この努力はほとんど無益です。藩王閣下やほかの有力な指導者たちがすべての人に教育を施そうと努めています。意図は純粋ですから感謝しなければなりません。しかし努力から生れる結果を私たちは無視できません。

教育とはなんでしょうか？　もし教育の意味がたんに識字だけであるのなら、それは一つの手段となります。善用もされますし、悪用もされます。ある道具で外科手術をして病人を治せますし、その道具は生命を奪うためにも使われます。識字はそのようなものです。私たちは見ているのですが、多くの人たちが悪用しています。善用している人たちは比較的、少ないのです。これが本当であるなら、識字により世界にとって利益でなく損失となります。

教育の一般的な意味は識字です。人々に読み、書き、計算を教えること――これが基礎、あるいは初等教育といわれています。ある農民が耕作をして、正直に日々の糧を稼いでいます。農民は世間の一般的な常識を心得ています。両親にどのように接するか、妻にどのように振るまうか、子供たちをどのように扱うか、住んでいる村でどのように仕来たりを守るか、このすべてでも十分に心得ています。道徳律を理解し、守っています。しかし、署名はできません。この人に識字を施して、あなたはなにをしたいのですか？この人をもっと幸せにしようとしているのですか？　粗末な小屋や生活に不満の気持を生みだしたいのですか？　そうだとしても、識字を施す必要はありません。西洋に感化され、人々を教育しなければならない、と私たちは思い込んでいるのです。しかし後先のことは考えていません。

さあ、高等教育を取り上げましょう。私は地理学を学びましたし、天文学を学び、代数が分かるようになり、幾何の知識を得て、地学をすっかり学びました。それでどうだというのです？　それで自分のためになったでしょうか？　私の周辺の人たちのためになったでしょうか？　私はその知識をなんのために得たのでしょうか？　それで私にどんな利益があったでしょうか？　あるイギリス人の学者（ハックスリー）は教育についてこのようにいっています。「真の教育を受けた人の身体は、その人に統御されるように訓練されていて、任せられた仕事を喜びかつ容易に果す。真の教育を受けた人の知性は純粋で、穏やかで、公正である。真の教育を受けた人の心は自然律に従い、感覚器官を統御している。その人の精神は純粋で、卑しいことを嫌い、他人を自分と同じにみなしている。このような人こそ真の教育を受けたとされる、というのは自然律に従って生活しているからである。自然はその人をよく活用するだろうし、その人は自然をよく活用するであろう」。もしこれが真の教育ならば、誓っていわなければならないのですが、数え挙げた学問を、私は自分の身体と感覚器官を統御するために使わないですみました。ですから初等教育にせよ、高等教育にせよ、主目的のために使われていません。それで私たちは人間になっていませんし、自分の義務を知っていません。

読　者　もしそうならば、質問をしなければなりません。あなたが話されていることすべて、なんのお陰で？　あなたが識字と高等教育を受けていなかったら、どのように説明できたでしょうか？

編集長　あなたは痛いところを突きましたが、返答は簡単です。高等教育にせよ、下級教育にせよ、受けていなかったとしたら、役立たずになってしまったとは思っていないのです。いま話して役立つように願っています。そのようにして、私が読んだものを役立てようとしています。そして、もし有益であるのなら、何千万何億の兄弟たちには出せませんが、あなたのような学校教育を受けた人たちだけに出せるのです。そのことで私の考えは支持されます。あなたや私、どちらも偽りの教育の罠にかかっています。自分はそこから自由になったとしています。さあ、その体験をあなたに伝えます。それを伝え、受けた教育を使って教育の腐敗を示します。

それに、あなたは痛いところを突きましたが、外れてしまいました。というのは、私が、識字をあらゆる場合において、非難していないからです。識字偶像崇拝をしてはならないと示しただけなのです。識字は私たちのカーマドゥク*ではありません。識字はその場でこそふさわしいのです。私やあなたが自分の感覚器官を統御し、道徳の強固な土台を置き、識字を望み、獲得して善用できるときに、その場を得るのです。それは装身具として美しく見えるのです。しかしもし識字を装身具として使うのであれば、そのような教育を義務とする必要はありません。私たちの古来からの学校で十分です。道徳教育が最優先されているからです。それが初等教育です。その上に建物が建てられると長続きします。

読　者　では、英語教育は自治のために役立つとはされていない。私の理解は正しいでしょうか？

編集長　肯定と否定が私の返答です。何千万何億の人々に英語教育をすることは、隷属状態に陥れるようなものです。マコーリが固めた教育の土台は、実をいうと隷属の土台でした。マコーリがそのように考えて、宣言を起草したとはいいません。しかしマコーリがしたことの結果はまさにそうなりました。私たちが他人のことばで自治を語っているとは、なんという貧困でしょうか！

イギリス人のお古である教育が私たちのお飾りとなっていることは知るに価します。イギリスの学者たちは、これはよくない、あれはよくないといっています。教育制度は変り続けています。私たちはといえば、イギリス人たちが忘れ去ってしまったものにも、愚かにしがみついているのです。イギリス人たちは自分自分の言語の向上に努めています。ウェールズはイギリスの一地方。ウェールズ語は取るに足らないとされています。いま、その言語の復興が行われています。

ウェールズの子供たちにウェールズ語を話すようにさせています。その運動にイギリスの大蔵大臣ロイド＝ジョージが大いに貢献しています。それなのに私たちの状態はどうでしょうか？　私たちはたがいに手紙を交わしていますが、間違いだらけの英語で。間違いだらけの英語から普通の英文学修士でも免れていません。私たちの最上の思想を伝える手段は英語ですし、私たちの国民会議は英語で運営されています。私たちのよい新聞は英語で。もしこのような状態が長期にわたって続くと、後の世代は私たちを軽蔑するでしょうし、私たちの魂に呪いをかける、と私は信じています。

あなたは理解しなければならないのですが、英語教育を受け入れて、私たちは国民を奴隷にしたのです。偽善、憎悪、暴虐などが増しました。英語教育を受けた人は、ためらわずに人々を騙《だま》し、困らせました。いま、もし人々のためになにかできるとしたら、私たちがしている借金の一部を返済することです。

自分の国で公正、正義を獲得するために英語を使わなければならないとは、暴政ではないでしょうか！　法廷弁護士になってから、私は自分のことばが話せません！　ほかの人が通訳をしなければならないとは！　これは欺瞞《ぎまん》でなくてなんでしょうか！　これが隷属の極みでないとしたらなんでしょう！　それを私はイギリス人のせいにしましょうか、それとも私自身の？　インドを奴隷にしたのは、私たち英語を知っている人たちです。国民の呪いはイギリス人にではなく、私たちにかかるでしょう。

しかし、あなたにすでに話していますが、返答は肯定でもあり否定でもあります。肯定とはどうしてか、いま説明しました。

否定とはどうしてか、いま説明します。私たちは病気に罹《かか》ってしまっていて、英語教育を受けることなしに、用が足せる時代ではないと思い込んでいます。英語教育を受けた人は悪用しないようにしてください。英語の効用を認め、必要に迫られたときだけ使うようにしてください。イギリス人たちと接し、私たちが理解できない言語を話すほかのインド人たちと接し、それにイギリス人たち自身、自分の文明にどのように悩んでいるかを知るために使ってください。英語を学んだ人の子供には、まず最初に道徳を教え、母語を教え、インドのもう一つの言語を教えなければなりません。子供が成長したら、英語教育を受けてもかまいません。それもただ英語を除くためにです。英語でお金を稼ぐためではありません。このようにしながら、英語でなにを学ばなければならないか、なにを学んではいけないかを私たちは考えなければなりません。どんな学問を学ばなければならないかを考えなければならないでしょう。ちょっと考えれば分かるでしょうが、英語の学位など取得するのを、もし私たちが止めたら、イギリスの官吏はびっくりするでしょう。

読　者　では、どんな教育をしなければなりませんか？

編集長　返答は、上にある程度、すでに出されています。それでももっと考えてみましょう。思うのですが、私たちは自分のすべての言語を磨かなければなりません。自分の言語で教育を受けなければならないとは、どういう意味かを詳細に語る場所ではありません。役に立つ英語の本を翻訳しなければならないでしょう。たくさんの学問を学ぶという欺瞞と迷信は捨てなければなりません。宗教教育、または道徳教育がまず最初になければなりません。一人一人の教育を受けたインド人には自分の言語の、ヒンドゥー教徒にはサンスクリット語の、イスラーム教徒にはアラビア語の、パールスィー教徒にはペルシャ語の、そしてすべてのインド人にはヒンディー語の知識がなければなりません。何人かのヒンドゥー教徒はアラビア語を、何人かのイスラーム教徒とパールスィー教徒はサンスクリット語を学ばなければなりません。北と西インドのインド人はタミル語を学ばなければなりません。全インドに必要な言語は、ヒンディー語でなければなりません。ヒンディー語をウルドゥー文字やナーガリー文字で書いてもよいとしなければなりません。ヒンドゥー教徒、イスラーム教徒の関係がよいものであるように、この二つの文字を多くのインド人が知る必要があります。このようになると、私たちがたがいに接するときに、英語を追い払えるでしょう。

それで、このすべては誰のためでしょうか？ 私たち、奴隷になっている人たちのためです。私たちの隷属のために国民は奴隷となっているのです。私たちが解放されれば、国民も解放されます。

読　者　あなたは宗教教育のことをおっしゃいましたが、それは難しいように思えます。

編集長　それでも、宗教教育なしには解放はありえません。インドを無神論にはけっしてなりません。無神論の作物はインドの大地に合わないのです。実行はとても困難です。宗教教育のことを考えると、頭はくらくらしてしまいます。宗教界の指導者は偽善的、利己的であるように見えます。私たちは嘆願しなければならないでしょう。ムッラー*、ダストゥール*とブラーフマン*の手中に鍵があります。しかし、もし指導者たちが分かってくれないのなら、英語教育で私たちが覚えた意欲で、人々に道徳教育をすることができます。インド洋の海岸にはごみがたまっています。ごみの中で腐敗したものを取り除かなければなりません。私たちだって同じです。自分たちの汚れの大半を自分で取り除けるのです。私の批判は、何千万何億の人々に対してではありません。インドを本来の方向に持って来るために、私たちが本来の方向に来なければなりません。あとの何千万何億の人々は本来の方向にいるのです。改革、改悪、変化は時代と共にあるでしょう。西洋文明を追い払うために努力しなければなりません。あとは自ずとうまくいくでしょう。

一九　機　械

読　者　西洋文明を追い払うとおっしゃっていますが、それならば、我々に機械はまったく要らないともいわれるでしょう。

編集長　あなたはこの質問をして、私の傷口を開けてしまいました。ラメーシュチャンドラ・ダット氏*の本、『インド経済史』を読んだとき、私はこのような状態になってしまいました。その本についてまた考えると胸が塞がってしまいます。機械の打撃を受けたとき、インドは滅んだのです。マンチェスターが私たちに及ぼした損害には限りがないほどです。インドから手工業はほとんど無くなってしまいましたが、それはマンチェスターのためです。

しかしこれは私の間違いです。マンチェスターをどうして非難できるでしょうか？　私たちがマンチェスターの布地を身につけたから、マンチェスターは織ったのです。ベンガルの勇敢さについての記述を読んだとき、私はすっかり嬉しくなってしまいました。

ベンガルには紡績工場はありませんから、人々は本来の手工業をふたたび手にしたのでした。ベンガルがボンベイの紡績工場を支援するのはまさに正しいことでしたが、もしベンガルが機械そのものをボイコットしていたとしたら、もっと正しかったことでしょう。

機械はヨーロッパを荒廃させ始めていますし、そこの風はインドに吹いています。機械は近代文明の主なしるしで、大きな罪である、と私ははっきり見ることができるのです。

ボンベイの工場で働いている労働者は奴隷になっています。工場で働いている女性たちの状態を見て、誰もが身震いしてしまいます。工場がどかどかと建たなかったとき、女性たちが飢えに苦しむようなことはありませんでした。この機械の風が強くなると、インドの状態はとても悲惨なものとなります。私のことばは厳しく思われるかもしれませんが、インドに工場を建てるより、まだマンチェスターにお金を送り、腐った布地を使うほうがいい、といわなければなりません。というのは、マンチェスターの布地を使えば私たちのお金が無くなるだけです。私たちがインドにマンチェスターを作ると、お金はインドに残るでしょうが、そのお金が私たちの血を奪ってしまうのです。というのは、私たちの道徳が失われてしまうからです。工場にいる人々の道徳がどのようであるかは、本人たちに聞いてください。そのうちで蓄財した人々の道徳がほかのお金持より高いということはありえません。アメリカのロックフェラーよりインドのロックフェラーは少し増しであると思うのは無知とされます。貧しいインドは解放されるでしょうが、不道徳によってお金持になったインドはけっしてけっして解放されません。

そのお金持たちがイギリス支配を支えている、と私たちは認めなければならないと思います。お金持の利益がそのような状況にあるからです。お金は人間を惨めにしてしまいます。この世でこのようなものがほかにあるかといえば、欲情です。この二つは有毒です。二つが咬みつくと毒蛇より恐ろしいのです。毒蛇は咬みつけば、身体を奪って放してくれます。お金や欲情が咬みつくと、身体、心、魂、すべてを奪っても放してくれません。ですから私たちの国に工場が建てられたからといって、特に喜ぶようなことではありません。

読　者　それでは、工場を閉鎖しなければなりませんか？

編集長　それは難しいことです。いったん確立したものを取り除くことは困難です。ですから事業を始めないことがまず賢明とされたのです。工場主を私たちは軽視の眼差しで見ることはできません。工場主を哀れまなければなりません。工場主たちが工場をすぐに閉鎖できませんが、これ以上、事業を拡大しないよう、私たちはお願いできます。よきことを願えば、工場主たちは自分で事業を少しずつ縮小するでしょう。自分から進んで、古い、伝統のある、清らかな手紡ぎ車を家に据えることができ、人々が織った布地を買い、売ることができるでしょう。

工場主たちがそうしなくても、人々は自分で機械製品を使用しないようにすることができます。

読　者　あなたは布地についておっしゃいました。しかし機械製品は無数にあります。外国から買わなければならないか、それともそのような機械を導入しなければなりません。

編集長　たしかに。私たちの神像もドイツの機械で作られてやってきます。すると、マッチやピンから始まってシャンデリヤについて、どういったらよいでしょう？　私の返事は同じです。このすべての物が機械で作られていなかったとき、インドはどうしていましたか？　インドは今日でもそのようにできるでしょう。私たちが手でピンを作れないうちは、ピンなしですませましょう。灯火を壁に掛けましょう。素焼の容器に油を入れ、私たちの畑でできる木綿を捩じって灯心にしましょう。そうすれば目にもよいし、お金の節約になりますし、私たちは国産品愛用者となります。自治の聖火に点火しましょう。

このすべてをすべての人たちがいっせいにするか、いっせいに何人かが機械製品を捨ててしまうようなことは不可能です。しかしその考えが正しければ、捨てられる物をいつも探し続けましょう、少しずつ物を捨てていきましょう。そのようにすると、ほかの人たちもするでしょう。まず最初に、その考えを強固にしなければなりません。その後で、それに従って行われるでしょう。まず最初に、たった一人だけがするでしょう。その後で十人、それから百人、このようにココヤシの物語のように増えていくでしょう。指導者がすれば、人々は従い、するでしょう。考えてください、ことはとても簡単で容易なのです。他人がするまで、私やあなたは待っていてはいけないのです。納得したら私たちはすぐに始めなければなりません。すぐにしないと損をしてしまいます。納得しているのにしない人はまったくの臆病とされます。

読　者　電車と電灯についてはどうでしょうか？

編集長　その質問は遅過ぎますよ。質問にはもう意味はありません。鉄道は私たちを滅ぼしましたが、電車が滅ぼさないというのでしょうか？　機械は蛇の穴です。そこには一匹ではなく何百匹の蛇がいます。たがいに絡まり合っています。機械のあるところには大都会。大都会には電車と鉄道。そこにはかならず電灯。イギリスでも農村部に電灯や電車がないことをあなたは知っているでしょう。鉄道、電車などの手段が増えたところでは、人々の健康が損なわれた、と正直な医師たちはあなたにいうでしょう。覚えているのですが、ある町でお金が不足したとき、電車、弁護士と医者の収入は減り、人々は健康になりました。

機械の長所については何一つとして思い出せません。短所については本が書けるほどです。

読　者　この書かれたものすべては機械の助けで印刷されるでしょうし、機械の助けで届けられるでしょう。これは機械の長所ですか、それとも短所？

編集長　毒でもって毒を制すのこれは例です。これはなにも機械の長所ではありません。機械は死にながらいうでしょう。「聞きなさい、気をつけなさい、私からあなたにはなんの益もありません」。機械が少くともこれだけは正しいことをしたといえるのなら、機械の網にひっかかっている人々についても適用されます。

しかし根本的なことは忘れないでください。機械は悪い物である、このことを心にしっかりと留めてください。その後で、私たちはしだいに機械を無くしていきましょう。願うものがすぐに手に入る安易な道を自然は作っていません。機械に甘い眼差しを注ぐ代りに、毒を含んだ眼差しを注げば、最後に機械は立ち去るでしょう。

二〇　解　放

読　者　あなたの考えから、第三の派を打ち立てようとされているように思えるのですが。あなたは過激派でもなければ、穏健派でもありません。

編集長　それは間違いです。第三の派はまったく考えてもいません。すべての人の考えは同じではないものです。穏健派のすべての人が同一意見であると思ってはなりません。奉仕者は派に関わるでしょうか？　私は穏健派に奉仕しますし、同じように過激派にも奉仕します。両者の考えと意見が異なれば、私は自分のことをし続けるとていねいに伝えます。

読　者　それでは、両者にいわなければならないとしたら、なにをおっしゃいますか？

編集長　私は過激派にこういいます。あなたの目的はインドのために自治を獲得することです。自治は、あなたが努力したからといって、獲得できるようなものではありません。自治はすべての人が自分のために獲得しなければなりません。他人が与えてくれるものは自治でなくて従属です。ですから、あなたがイギリス人を追い出して自治を獲得したと思ったら、それは正しくありません。あなたが望んでいる真の自治は、私がすでにお話ししたようなものでなければなりません。銃火ではけっして獲得できません。銃火はインドにそぐわないものです。ですからサッティヤーグラハこそを信じなさい。自治獲得のために銃火が必要である、と錯覚しないようにしてください。

穏健派にはいいます。陳情だけをし続けているのは劣等感の表われです。そうすることで自分たちが劣っていると受け入れているのです。イギリスとの関係が不可欠であるというのは、私たちが神を信じていないと同じです。私たちに神以外のなにかが必要であるというべきではありません。それに常識からしても、イギリス人なしではやっていけないということは、イギリス人を傲慢にするようなものです。

イギリス人が寝具や手荷物を持って立ち去ったら、インドは孤児となってしまうと思ってはなりません。このようになったら、イギリス人にこれまで抑えられていた人々が争うようになるかもしれません。腫れ物を抑えるのはなんの益もありません。裂けて膿が出るのがいいのです。ですから、もし私たちがたがいに争うように運命づけられているのなら、争って死にましょう。弱者を助ける口実で他人が介入する必要はありません。このことで私たちは滅んだのです。弱者をこのように助けることは、弱者をもっと弱くするようなものです。穏健派はこのことを十分に考えなければなりません。これなしでは自治はありえません。あるイギリス人宣教師がいったことばを、私は穏健派に伝えます。「我々が自治を享受していれば、無秩序状態になっても耐えるに価するが、従属下の秩序は貧困である」。その宣教師の自治とインドの自治はたしかに別々です。私たちは、白人であろうがインド人であろうが、いかなる者の暴虐や抑圧を望みません。すべての人は対岸に泳ぎ渡ることを習い、教えなければなりません。

もしそのようになれば、過激派と穏健派、両者は一緒になりますし――なれますし――ならなければなりません。たがいに恐れ、不信感を持つ必要はありません。

読　者　そうあなたは両派におっしゃるでしょう。イギリス人にはなんとおっしゃいますか？

編集長　私はイギリス人にていねいにいうつもりです。あなたはたしかに私の王様です。自分の剣によってか、私の望みで王様でいられるのか、この問題について議論する必要はありません。あなたが私の国に住もうともかまいません。しかし、あなたは王様であっても使用人となって住まなければなりません。あなたのいうことを私たちがするのではなく、私たちのいうことをあなたがしなければならないでしょう。今日まであなたはこの国から持っていった財産を食べてしまいましたが、もうそのようにしてはなりません。あなたがインドで警官を勤めたいのなら住むことができます。あなたは私たちと交易する欲望を捨てなければなりません。あなたが擁護している文明を私たちは非文明としています。自分の文明をあなたの文明よりとても高いものとしています。そのように気づけば、あなたにとっての利益です。そのように気づかなくても、あなたの諺に従い、あなたは私たちの国でインド人となって住まなければなりません。私たちの宗教に逆らうようなことをしてはなりません。あなたは支配者として、ヒンドゥー教徒を尊重するため牛肉を食べることを止め、イスラーム教徒を尊重するため悪い動物の肉を食べるのを止めなければなりません。私たちは抑えられていたのでいえませんでした。しかし、私たちの気持が傷ついていないと思わないでください。私たちは利己心やなにかほかの恐れからあなたにいえませんでした。しかしいうことは私たちの務めです。あなたが始めた学校や法廷は、なんの役にも立たないと私たちは考えています。その代りに、かつてあった真の法廷や学校が私たちには必要です。

インドの言語は英語ではなくてヒンディー語です。ヒンディー語をあなたは学ばなければなりませんし、私たちは、あなたと自分の言語を使います。

あなたは鉄道や兵士たちに限りなくお金を使っていますが、私たちには見ていられません。私たちには必要と思われません。ロシアをあなたは恐れているのかもしれませんが、私たちは恐れていません。ロシアがやって来たら私たちが相手となりましょう。あなたがいたら、私たちは一緒になって相手しましょう。私たちにはイギリスやヨーロッパ製の布地は要りません。この国で作られる布地で用を足しましょう。片方の目はマンチェスターに、もう片方の目を私たちに置く、そのようなことをあなたはしてはなりません。あなたと私たちの利害が同じであるようにあなたがすれば、一緒にやっていけるのです。

このことを礼儀知らずでいっているのではありません。あなたには武力がありますし、強力な海軍があります。それに対抗して、同じような武力で私たちは戦えません。それでも、もしあなたが上に述べたことを受け入れないのなら、私たちはあなたとうまくやっていけません。その気になり、しかもできるのなら、私たちを切り殺しなさい。その気になるのなら、大砲で吹き飛ばしなさい。しかし、私たちに気に入らないことをもしあなたがしたら、私たちは助力しません。私たちの助力がなければ、あなたは一歩も先へと進めません。

あなたは権力に酔い痴れてこれを嘲るかもしれません。あなたの嘲笑は偽りであると、いまはたぶん見せられませんが、もし私たちに力があれば、酔いは役立たずのもので、嘲笑は「正気の沙汰ではない」ことが分かるでしょう。

私たちはイギリス人を本質的に宗教的民族とみなしています。私たちはまさに宗教の大地に住んでいます。あなたたちと私たちがどうして一緒になったか、これを考えるのはむだなことです。しかし自分たちの関係を私たち両者は活用できるのです。

インドにやって来るあなたたちイギリス人は、イギリス国民の真の代表ではありません。同じように、半分イギリス人になっているインド人もインド国民の真の代表とはいえません。イギリス国民が、もしすべてを知ったら、あなたたちのやっていることに反対するでしょう。インド国民はあなたたちとあまり関係を持っていません。もしあなたたちが、非文明である文明を捨てて自分の宗教を探し出せば、私たちの要求は正しいと分かるでしょう。このようにしてあなたたちはインドに住めるのです。このようにあなたたちが住めば、あなたたちからいくつか学べるものを私たちは学びましょう。私たちからあなたたちはたくさん学ばなければならないのですが、学んでください。このようにして私たちは利益を得ますし、世界に利益を与えるでしょう。しかしそれは私たちの関係が宗教の大地に根づいたときにこそ可能です。

読　者　国民にはなにをいわれますか？

編集長　国民って誰？

読　者　いま、あなたが使われている意味での国民。つまり、西洋文明に汚染され、自治の声を挙げている人々。

編集長　この国民に私はいうつもりです。真に陶酔している人は、上に述べたことをイギリス人にいえて、威圧されません。

インド文明は至高で、西洋文明は三日間の見世物である、とよく理解して信じる人こそが真に陶酔している人です。そのような文明はいくつもやって来たし、滅んでしまいました。これからもやって来るし、滅びるでしょう。

魂の力を体得し、腕力に威圧されず、恐れを知らず、武力を夢においてでも使おうと考えない人にこそ真の陶酔がありえるのです。

現在の悲惨な状態に悩み、すでに毒杯をあおっているインド人にこそ真の陶酔があるのです。

そのようなインド人が一人でもいれば、上に述べたことをイギリス人にいい、イギリス人の目を開かせなければなりません。

上の要求は要求ではありません。しかしインド人の心の状態を伝えるものです。要求したって獲得できません。獲得しようとすれば獲得できるのです。獲得するには力が要ります。その力は以下の人だけにあるでしょう。

(1) やむをえず英語を使う人、
(2) 弁護士業を廃業し、自分の家に手紡ぎ車を置き、布地を織る弁護士、
(3) 自分の知識を、人々を説得しイギリス人たちの目を開かせることだけに使う弁護士、
(4) 原告被告の争いに陥らずに法廷を捨て、自分の経験から、人々に法廷に訴えないようにと説得する弁護士、
(5) 弁護士が弁護士業を辞めるように、職を辞する判事、
(6) 自分の職業を辞め、人々の体にメスを入れるより、魂に触れて改心させ、治療しなければならないと理解する医師、

（7）どの宗教を信じるにせよ、イギリスの医学研究所で動物実験が残酷にも行われているが、実験によって病気が治るより、病気のままでいたほうがよいと理解する医師、
（8）医師であるのにもかかわらず、手紡ぎ車を自分でも回わし、病人たちに病気の原因を教え、その原因を除くようにいうが、無益な薬を与えて病人を甘やかさない人。無益な薬を服用しないことで、病人が死ぬようなことがあっても世間は困らないし、病人に真の慈悲をかけたと理解する人、
（9）金持であるのに、お金のことを気にしないで、思っていることをいい、権力者を気にしない人、
（10）金持であるのに、お金を手紡ぎ車のために使い、自分では国産品だけを身につけ、使い、他人にもすすめる人、
（11）すべてのインド人のようにその人は、いまは後悔、贖罪、悲嘆の時と理解するでしょう。
（12）すべてのインド人のようにその人は、イギリス人の罪を探し出すことは無意味である、イギリス人たちは私たちの咎でやって来たし、私たちの咎で住みついている、私たちの咎が除かれれば、立ち去るか変る、と理解するでしょう。

(13)すべてのインド人のようにその人は、悲嘆の状態にあって快楽はありえない、私たちが安らぐまで監獄にいるか、国外追放でいるほうがよい、と理解するでしょう。

(14)すべてのインド人のようにその人は、私たちが人々を説得するため監獄へ行かないよう用心しているのは、まったくの迷妄である、と理解するでしょう。

(15)すべてのインド人のようにその人は、いうことより実行の影響はすばらしい、恐れずに心にあることをいい、それをいうことの結果に耐えること、そのときこそ、私たちのいうことは影響を与える、と理解するでしょう。

(16)すべてのインド人のようにその人は、私たちが苦難に耐えてこそ拘束を解き放せる、と理解するでしょう。

(17)すべてのインド人のようにその人は、イギリス人たちの文明を奨励して犯した罪を除くために、死ぬまでアーンダーマーン島にいようと重いことはすこしもない、と理解するでしょう。

(18)すべてのインド人のようにその人は、いかなる国民も苦難に耐えることなしに向上しない、戦場においても試練は苦難であって、相手を殺すことではない、同じようにサッティヤーグラハについてもいえる、と理解するでしょう。

(19) すべてのインド人のようにその人は、「他人がするときに私たちもしよう」これはしないことの口実である、よいと思えるから私たちはする、他人が気に入るから他人がする、これこそが行動の道である、と理解するでしょう。美味しい食事を目の前にしたら、私は他人を待ちません。上に述べたことに従って努力すること、苦難に耐えることが美味しい食事です。嫌々して苦難を被ることはただ働きです。

読　者　このようにすべての人がしたら、いつ終りとなるでしょう?

編集長　また間違いをしてしまいましたよ。皆のことは、私やあなたにとってどうでもいいのです。「あなたは自分のことをしてください。私は自分のことをしますから」。これは利己的なことばとされますが、至言なのです。私は自分のためにします。それから他人のためにします。自分がすべきことをしなければなりません。そのことですべてが成就されるのです。

あなたと別れる前に、許しをもらって私はまたいいます。

(1) 自治は私たちの心の支配です。

(2) その鍵はサッティヤーグラハ、魂の力あるいは慈悲の力です。

(3) その力を行使するために、完全に国産品を使う必要があります。

（4）私たちがしたいことは、イギリス人への敵意からではなく、罰するためではなく、そうすることが義務だからです。ですから、イギリス人が塩税を撤廃し、奪った富を返還し、すべてのインド人に高い地位を与え、軍隊を引き揚げたら、私たちが工場製の布地を身につけたり、英語を使ったり、工業技術を使うというものではありません。そのすべては実際にしてはならないことですから、しないと私たちは理解しなければなりません。

私がいったことすべては、イギリス人への敵意からではなく、イギリス人の文明への敵意からいっているのです。

私たちは自治の名を口にしていますが、本質を理解していないように思えます。私が理解した自治を説明しようと努めました。そのような自治を獲得するために、私のこの身体は捧げられている、と心は証言しています。

注

七頁 **トランスヴァール使節団**　アジア人登録法などの撤廃を求める陳情、院外活動のため。

〃 **四ヶ月**　一九〇九年七月一〇日より一一月一三日まで。

〃 **『インディヤン・オピニオン』紙**　一九〇四年一二月二四日創刊の週刊紙。グジャラーティー語、ヒンディー語、タミル語、英語のコラムで刊行(後にヒンディー語とタミル語のコラムは廃止された)。南アフリカにおけるサッティヤーグラハ闘争に貢献した。

〃 **グジャラート**　インドの西に位置し、アラビア海に面する。海岸線は約一六〇〇キロ。

〃 **グジャラーティー語**　インド・アーリヤ語族に属し、国内で四二〇〇万、イギリス、アメリカ、南アフリカなどでも多くの話者人口をもつ。

八 **典拠**　原書には付録として二〇点の文献、著名人九人の証言が掲げられている。本書を読む上で有用と思われるので、文献名のみを掲げておく。〔　〕内は訳者が補ったものである。

Tolstoy, 〔Lev Nikolaevich〕

The Kingdom of God is within you.〔『神の国は汝らのうちにあり』〕

What is art. 〔『芸術とは何か』〕
The slavery of our times. 〔「現代の奴隷制度」〕
The first step. 〔「最初の段階」〕
How shall we escape. 〔「我々はどのようにして脱出すればよいか」〕
Letter to a Hindoo. 〔「あるヒンドゥー教徒への書簡」〕
Sherard, 〔Robert Harborough〕
The white slaves of England. 〔『イギリスの白人奴隷たち』〕
Carpenter, 〔Edward〕
Civilization, its cause and cure. 〔『文明、その原因と治療法』〕
Taylor, 〔Thomas〕
The fallacy of speed. 〔『スピードの虚妄』〕
Blount, 〔Godfrey〕
A New crusade. 〔『新十字軍』〕
Thoreau, 〔Henry David〕
On the duty of civil disobedience. 〔「市民の反抗」〕
Life without principle. 〔「原則のない生活」〕
Ruskin, 〔John〕

Unto this last.〔『この後の者にも』〕

A Joy for ever.〔『永遠の喜び』〕

Mazzini, 〔Giuseppe〕

Duties of man.〔『人間義務論』〕

Plato

Defence and death of Socrates.〔『ソクラテスの弁明』〕

Nordau, 〔Max Simon〕

Paradoxes of civilization.〔『文明の逆説』〕

Naoroji, 〔Dadabhai〕

Poverty and Un-British rule in India.〔『インドにおける貧困と非イギリス的な支配』〕

Dutt, 〔Romesh Chunder／Datt, Ramesh Chandra〕

The economic history of India.〔『インド経済史』〕

Maine, 〔Sir Henry James Summer〕

Village communities.〔『村落共同体』〕

二　**国民会議**　一八八五年設立のインド国民会議。本書では「会議」「国民会議」。

三　**ダーダーバハーイー**　Dadabhai Naoroji, 1825–1917　ボンベイのエルフィンストン・カレッジ卒。母校でインド人として最初の数学・物理学教授。一八五五年、イギリスに渡り、イギリス統治下でのインドの富の流出を訴えた。帰国後、インド国民会議設立に参加。三度、年次大会議長を務めた。後、イギリス下院議員に選出された。

〃 **ヒューム氏** Allan Octavian Hume, 1829–1912 ベンガル高等文官職。退官後、インド国民会議設立に尽力。

〃 **サー・ウィリアム・ウェダーバーン** Sir William Wedderburn, 1838–1918 インド高等文官職。退官後、インド国民会議年次大会議長を二度務めた。

〃 **ゴーカレー教授** Gopal Krishna Gokhale, 1866–1915 ファーガソン・カレッジ経済学教授。一九〇五年、インド奉仕者協会設立。同年、インド国民会議年次大会議長。

〃 **故バダルッディーン判事** Budruddin Tyebji, 1844–1906 ボンベイ高等裁判所判事。弁護士。一八八七年、インド国民会議議長を務めた。

二〇 **ベンガル分割** ベンガルは一九〇五―一一年、ヒンドゥー教徒の多い西ベンガル、ビハール、オリッサと、イスラーム教徒の多い東ベンガル、アッサムに分割された。

〃 **カーゾン卿** George Nathaniel Curzon, 1859–1925 インド総督。在任一八九九―一九〇五年。

二一 **塩税** 一八七八年の専売法により、ベンガル、アッサムはイギリスからの輸入塩、北インドは岩塩、その他は海からの塩と決められ、それぞれ課税された。

二二 **インドの宝石のような息子** 急進的民族派グループの指導者ティラク(Bal Gangadhar Tilak, 1856–1920)を指す。

二三　**スーラトの国民会議年次大会**　一九〇七年のインド国民会議年次大会で分裂。大混乱で警官隊が導入された。

三一　**アスキス**　Herbert Henry Asquith, 1852-1928　イギリス首相。在任一九〇八―一六年。

〃　**バルフォア**　Arthur James Balfour, 1848-1930　イギリス首相。在任一九〇二―〇五年。

三二　**無給**　議員報酬は一九一一年より導入された。

〃　**そこの偉大な著者**　カーライル(Thomas Carlyle, 1795-1881)を指す。

三七　**ある著者**　カーペンター(Edward Carpenter, 1844-1929)を指す。

三九　**コース**　kos　距離の単位。一コースは約三キロ。

四〇　**パイソー**　paiso　旧貨幣単位で三パーイーが一パイソー。

〃　**ローティー・パン**　roti　全粒の小麦粉を水で練って、てのひら大の円形にのばした生地を、円形の鉄板で焼いたもの。

四二　**末世**　kali yug　ヒンドゥー教神話による四つの時代の最後。汚濁の世といわれる。

四四　**勇者カンパニー**　Kampani/Company bahadur　一六〇〇年設立の東インド会社を指す。バハードゥルの字義は「勇敢な」。ここでは「強力な」「支配的な」。

四六　**グラッドストン**　William Ewart Gladstone, 1809-98　イギリス首相。在任一八六八―七四、八〇―八五、八六、九二―九四年。

〃　**チェンバレン氏**　Joseph Chamberlain, 1836-1914　イギリス植民地相。

四七 **故クルーガー大統領**　Stephanus Johannes Paulus Kruger, 1825-1904　ボーア（ブール）の指導者。トランスヴァール共和国大統領。

四九 **パールスィー教**　Parsi　八世紀、イスラーム教に追われ、ボンベイ地方にやってきた人々が信仰するゾロアスター教。

五一 **ホーリー祭**　Holi　ヒンドゥー教の春の祭。パーガン月（二月中旬から三月中旬）の満月の日に、祝火でホーリカーの人形を燃やす。

五三 **タグ**　thag　旅人を略奪、殺害する盗賊団。

〃 **ピンダーリー**　pindari　騎馬盗賊団。

〃 **ビール**　bhil　中央インド、グジャラートの先住狩猟民。

〃 **マコーリ**　Thomas Babington Macaulay, 1809-59　インド参事会法律委員としてインドへ。インドの教育の基礎を確立し、また刑法を準備。

五四 **ドワールカー**　Dvarka　クジャラートのクリシュナ信仰の聖地。この聖地に向かう巡礼団が到着できるかどうか、を意味する。

五七 **セートゥバンド・ラーメーシュワラム**　Setubandh Rameshvaram　現タミルナードゥ州のラーメーシュワラム。ここではラーマによって橋が作られ、シヴァリンガが安置されたと言われている。

〃 **ジャガンナート**　Jagannath　現オリッサ州のジャガンナートプリー。

〃 **ハリドワール**　Haridvar　現ウッタルプラデーシュ西北部の聖地。「ヴィシュヌ神の世界への戸ロ」を意味し、ここでガンジス河はヒンドスターン平原に入る。

〃 **家にいながらにして…**　心が清らかでガンジス河を念ずれば、朝夕、家で沐浴する水もガンジス河の水である、の意。北インドでは、皮革処理人が皮革を浸す木製浴槽大の容器の水もガンジス河の水、と言われている。

五八 **「イスラーム教徒にシヴァ神はいらない」**　英語版にはない。

六八 **モーリ卿**　John Morley, 1838–1923　インド担当相。インド総督ミント(Minto)とのミント・モーリ改革を意味する。一九〇九年一一月一五日に発効した。

七〇 **故マンモーハン・ゴーシュ**　Manmohan Ghosh, 1844–96　インド人最初の法廷弁護士。

七六 **毒の樹**　ユーパス(upas)樹。ジャワの伝説上の樹。周囲数マイルにわたって生命を奪うとされた。

七九 **パーイー**　pai　旧貨幣単位。三パーイーで一パイソー。

〃 **ルピヨー**　rupiyo　銀貨を意味し、旧貨幣単位では、一ルピョー＝一六アーナー、一アーノー＝四パイサー、一パイソー＝三パーイーとなる。つまり一パーイーの値の薬で約二〇〇倍の金を受け取ることを意味する。

八一 **スダーロ**　sudharo　よき生き方、生活様式。

八三 **聖仙**　rishi　ヒンドゥー教伝統文化における聖仙。

〃 **托鉢僧**　fakir　イスラーム教伝統文化における托鉢僧

〃 **弁護士** vakil 元来は代表、使者を意味した。

〃 **医師** vaid インド伝統医学アーユルヴェーダの医師。

八四 **ニヨーグ** niyog 未亡人への、夫の弟、しかるべき縁者、バラモンによる授精。

八九 **「従属している者には…」** トゥルスィーダースの『ラームチャリトマーナス』の幼少編一〇一―三。そこでは、「従属している者」は女性であるが、拡大解釈されている。↓一〇七頁「詩人トゥルスィーダース」注。

九一 **マッツィーニ** Giuseppe Mazzini, 1805-72 イタリアの革命家。イタリア統一後、帰国したが王制には反対。

〃 **ガリバルディー** Giuseppe Garibaldi, 1807-82 イタリア統一運動の指導者。

九三 **カヴール** Count Camillo Benso Cavour, 1810-61 国民統一を固め、ヴィットーリョ・エマヌエレ二世の国王登位の基盤を作った。

九五 **ディーングラー** Madan Lal Dhingra, 1887-1909 一九〇九年七月一日、工学専攻の留学生ディーングラーは、インド担当相付武官サー・ウィリアム・カーゾンワイリーを射殺。同年八月一七日に処刑された。

九七 **一八五七年の宣言** 正しくは一八五八年。ヴィクトリア女王の宣言。

九九 **一八三三年に……獲得した。** Parliamentary Act 正しくは一八三二年。

一〇四 **故ラーナデー判事** Mahadeo Govind Ranade, 1842-1901 社会改良家、著作家。ボンベイ高等裁判所判事。インド国民会議設立に参加した。

一〇五　**サッティヤーグラハ**　satyagraha　satya（真理）への agraha（執拗な主張、固執）。本書執筆の時点で、ガーンディーは、魂の力、慈悲の力と説明している。運動では、平和的非暴力・不服従・非協力を意味する。

〃　**「一つの拒絶は三十六の病いを治す」**　はっきりとした拒否をする勇気が多くの病から救う。

一〇七　**詩人トゥルスィーダース**　Tulsidas　一六・一七世紀のヒンディー語詩人。人格神ラーマへの絶対帰依を説く。代表作『ラームチャリトマーナス』（Ram charit manas「ラームの行いの湖」の意。通称 Tulsi ramayan）。ここに引用された詩句は、ヒンディー語圏ばかりでなく、グジャラートでも人々に親しまれている。しかし、『ラームチャリトマーナス』にはこの詩句はないし、よく親しまれている『対句集』にもない。

一〇九　**サッティヤーグラヒー**　satyagrahi　サッティヤーグラハの実践者、運動員。

一一八　**ブラフマチャルヤ**　brahmacharya　神ブラフマーへと導く行為。特に性に関わることについての自制。

一二三　**藩王ガーエクワール**　Maharaja Baroda Gaekwar, 1863-1939　一九〇五年、インドで最初に初等義務教育制度を導入した。

一二五　**カーマドゥク**　kamadhuk　神話上の牡牛。何でもありとあらゆる望みをかなえてくれる。

一三〇　**ムッラー**　mulla　イスラーム教の聖職者。

〃 ダストゥール　dastur　パールスィー教の聖職者。

〃 ブラーフマン　brahman　ここではヒンドゥー教の聖職者。

三三 ラメーシュチャンドラ・ダット氏　Romesh Chunder Dutt／Ramesh Chandra Datt, 1848-1909　インド高等文官職。バローダ藩王国歳入担当官。ロンドン大学インド史講師。

解説

モーハンダース・カラムチャンド・ガーンディー(Mohandas Karamchand Gandhi, 1869-1948)は、西インド、カーティャーワール地方のポールバンダルで生れています。ポールバンダルの意味は「白い港」。この地の石材で造られた町は、海上から見ると白く輝いているといわれています。

海岸線約千六百キロのグジャラートは、海を越えて西からインドに来る人たちの入口で、古くから交易の重要な拠点でした。アレキサンドロスの時代に残留してしまった人たちの子孫や、交易のために居留地を設けたギリシャ人の末裔がこの地に居住しています。八世紀にイスラームが侵入します。さらに、パールスィー教徒がイスラームから逃れて来ます。十五、六世紀になると、ポルトガル、イギリスがやって来ます。ガーンディーさんが生れ育った小さな町は、まるで、人種、民族、宗教の博物館のようでした。

ガーンディーさんが生れた一家は、モード・バニヤーというカーストに属します。モードというのは地名に由来して、モーデルンという村から出てカーティヤーワールの各地に移住し、商業に従事しました。バニヤーというのはヴァイシャのことです。サンスクリット語の語根ヴィシュは、「広い」「一般の」を意味しますから、ヴァイシャは庶民です。バニヤーには、計算高く抜け目ない商人というイメージが定着していますが、ガーンディーさんは誇らしく思っていました。

ガーンディーの名は、「香辛料を商う人」を意味しますが、ガーンディーさんの祖父から三代にわたって藩王国のディーワーン職を務めていました。これまで、ディーワーンは、宰相、首相、総理大臣と説明されていましたが、誤解を生みやすいと思います。民事事件の調停、地租徴収、国境線画定、治水工事の監督などを職務とする役職名でした。

カラムチャンド、グジャラートでは父親の名をミドル・ネームとします。父は、ガーンディーさんの『自叙伝』によれば、「家族思いで、正直で、勇敢で、寛大でしたが、怒りっぽい人でした……賄賂を受けないから公正な裁きをするというのでした……蓄財欲はまったくありませんでした」(以下、「　」は『自叙伝』からの引用)。母プトゥリーバーイーは、「賢い女性」、「敬虔」で、「世間のことに通じていました」。

この両親は、一人の娘と三人の息子をもうけます。末っ子がモーハンダース。クリシュナ神の別名であるモーハン(魅惑するもの)にダース(仕える者)。グジャラート、ラージャスターンでよく聞かれるように、家庭内での愛称は、モーハニヤー、モーニヤー、モニヤーでした。モニヤーはとても活発で、いたずらっ子のようでした。

そのいたずらっ子モニヤーは、学齢期になると恥ずかしがりやそのものの少年に変ります。当時の慣習に従い幼児結婚をし、やがて父親を亡くし、高等学校まで教育を受けた後、家族と親しいバラモンの助言でイギリスに留学します。弁護士資格を取るためです。

ガーンディーさんが生れたのは一八六九年。スエズ運河が開通した年であり、一年前、日本は明治維新を選択しています。インドでは、五七年の大反乱から数えて十年以上経過しています。東インド会社の統治が廃止されて、イギリス直接統治の体制に入っていました。司法制度などが整えられ、インド人弁護士が重要な役割を果すようになっていました。

費用はどうでしょうか。妻カストゥールバーイー持参の宝石装身具の売却と長兄が工面してくれただけです。人の良い長兄にとって、大家族ガーンディー家への先行投資であったことが、『自叙伝』の行間から読み取れます。とにかく三年間滞在が限度でした。恥ずかしがりやの少年は、気取りやだけれども直向《ひたむ》きな青年モーハンダースに変ります。所期の目的を達し、青年法廷弁護士ガーンディー氏として帰国します。上陸後、母逝去の知らせを受けます。「父の死によって受けた衝撃に比べて、母逝去の知らせは、それ以上のものでした。私の多くの願いはだいなしになってしまいました」。

「多くの願い」とはなにを意味するのでしょうか。母親を喜ばせること、具体的にはイギリス帰りの法廷弁護士として大いに稼ぎ、大家族を支えることだったと思います。

小額事件裁判所扱いの依頼を受けましたが完敗でした。「……立ち上がると、足が震えます。頭はくらくらします。法廷がぐるぐる回っているように感じられます……私は逃げ出しました。依頼人が勝訴したのか敗訴したのかも覚えていません。私は恥じ入りました。完全に勇気が出るまでは、訴訟は引き受けないと決心しました。そして南アフリカに行くまで、法廷にはけっして出ませんでした。私の決心は潔いものだったわけではありません。敗訴するために、私に依頼するような人はいるでしょうか？　私が決心しなくても、法廷に出るよう私に面倒をかける人はいなかったのです！」

藩王国間の陰謀、行政官、官吏の粗暴、傲慢ぶりに、ガーンディーさんは意気消沈してしまいます。そんなときに、南アフリカのインド人商会の訴訟の件で招かれたのです。一年契約の出稼ぎです。一八九三年四月、「乞食法廷弁護士」は、「大いに張り切って、運試しをするために南アフリカに旅立ったのでした」。

一年契約が二一年間にわたる長期滞在となってしまいました。この間、一八九六、一九〇一年の二回、インドに一時帰国しますが、各地で南アフリカ在住のインド人の問題を訴え、パンフレットを作成しますから、南アフリカを離れることはありませんでした。一九〇六、〇九年、二度、ロンドンに渡りますが、南アフリカ在住インド人の権利請願のためですから南アフリカとは離せません。一八九三年四月から一九一四年七月まで通算二一年間の滞在は、ガーンディーさんにとっても、南アフリカ在住インド人にとっても、インドにとっても重要なことでした。

裁判そのものは、ガーンディーさんの努力で和解調停となりました。契約終了後、帰国できなかった理由があります。自身体験した人種差別、偏見から、在住同胞の痛みを自分のものとしたことです。

一つだけ例を挙げることとします。それは、マリッツバーグ駅で、一等車から最後部貨車に移るよう突き飛ばされ、厳しい寒気に震えながら待合室で夜を明かしたガーンディーさんの決意に見ることができます。「自分の権利のために闘うべきか、それとも引き返すべきか、そうでなければ屈辱を受けようが、耐えてプレトリアに到着すべきである。裁判を終えてインドに帰国すべきである。裁判を中途で放棄して逃げるのは男らしくない。私がこうむった苦難は表面的なものだが、人種偏見は深く根を下ろした業病なのだ。もし私にこの深い病を除く力があるのなら、その力を行使しなければならない。行使しながら、自ら苦難に耐えなければならないとしたら、すべて耐えるべきだ。人種偏見を除く観点から苦難に抗すべきだ」。

帰国延期の直接の理由は、一八九四年、インド人選挙権剝奪法案であり、年季契約が終了した労働者たちに課せられる人頭税、三ポンド税でした。当時、南アフリカのインド人は非力で無権利状態に置かれていました。ガーンディーさんの基本的な考えは、私たちはイギリスの臣民である、だから同じように義務を果すけれども、同じように権利を持つべきである、ということだったと思います。こうした考えから、一八九九年、第二次ボーア(ブール)戦争、一九〇六年、ズールーの反乱のとき、インド人衛生看護部隊を率いて従軍したのでした。

一九〇六年九月一一日、ヨハネスバーグのインペリアル劇場で大集会が開かれ、トランスヴァール政府による新アジア人登録法案に反対し、サッティャーグラハ闘争が組織されました。

一〇月三日、使節団がロンドンに派遣されます。ガーンディーさんとハージー・オーザル・アリー氏。「ハージー」はメッカ巡礼を果した敬虔なイスラーム教徒への敬称ハッジのことです。アリー氏は英印協会より、ガーンディーさんはナタール・インド人会議(コングレス)からの派遣でした。ナタール・インド人会議は、ガーンディーさんの呼び掛けで、一八九四年八月二二日に結成された組織です。人前で上がってしまい失語症になるガーンディーさんは、この日、説得力のあるスピーチをしたのでした。

さて、ロンドンに到着した二人は、まずダーダーバーイーに会い、胸をドキドキさせながら陳情書を読んでもらいます。一ヶ月半が過ぎ、お金が尽きると帰国の途につきます。一二月一日、船上で、「トランスヴァールの反アジア人法を認可しないと植民地相が議会で言明した」との電報を受け取ります。ところが、同月六日、イギリス政府はトランスヴァールの自治を認可します。翌年一月一日、トランスヴァール自治政府が樹立されます。政府の決定がイギリス植民地省の決定に優先することとなり、アジア人登録法は、三月二二日に成立しました。

一九〇八年一月一〇日、ガーンディーさんは禁固二ヶ月の刑を受けて入獄します。同月三〇日、ヨハネスバーグの警察署長に、スマッツ将軍と会見のためプレトリアに案内されました。将軍は、インド人が自発的に登録すれば、アジア人登録法は撤廃する、と申し出たのでした。二月一〇日、最初に登録するため事務所を出たところ、パターン出身のミール・アーラムらに襲撃されました。ガーンディーはインド人社会を裏切り、スマッツに一万五千ポンドで売ったという誤解からでした。ヨハネスバーグにあるイスラーム教礼拝堂で聴衆から集められた二千枚以上の登録証が焼かれ、サッティヤーグラハ闘争は高まりを見せるようになりました。一〇月一三日、懲役二ヶ月の刑を受けました。

一九〇九年、インド人社会は、使節団派遣を決定しました。サッティヤーグラハ協会からガーンディーさん、英印協会からハージー・ハビーブ氏でした。二人は、六月二一日、ケープタウンを出港しました。英印協会ロンドン支部長でもある上院議員の仲介で、スマッツ将軍、ボータ首相に交渉しますが、アジア人登録法、移民登録法では断固とした態度を変えません。富裕な商人であるハビーブ氏は同調するようになりますが、ガーンディーさんは、自尊心と原則の闘いであるとします。陳情、院外活動は失敗に終り、二人は空手でケープタウンに向います。一一月三〇日にケープタウン到着。出迎えた人々に挨拶しなければなりません。ガーンディーさんがハビーブ氏に、「ハビーブさん、あなたが長老ですから」、とうながすと、疲れ切っているハビーブ氏は、「あなたは若者ではありませんか」。ガーンディーさんは答えます。「ええ、四〇歳の若者です」。四〇歳の若者が、イギリスよりの帰路、汽船キルドナン・カースル号で、船会社の便箋を使い、母語グジャラーティー語で書き上げたのが本書です。執筆は一一月一三日より二二日、つまり乗船した日から書きだしたことになります。ファクシミリ版刊行者のことばによれば、「この本で途切れない流れのような同じ文字とは違ういくつかの部分が見られるが、それはガーンディーさんの左手によるものである。右手が疲れると左手を使うのである」。書き損じもあったかと思いますが、ファクシミリ版の頁数を数えますと二七六枚となります。

この草稿が活字になったのは、ガーンディーさんが主宰する週刊紙『インディヤン・オピニオン』のグジャラーティー語コラムで、同年一二月一一日、一八日号に分載され、翌年一九一〇年一月に単行本として刊行されました。同年三月一〇日、ボンベイで押収され、同月二四日、インドで発禁処分となりました。この措置に対して、ガーンディーさんは英語訳を決意します。「……内容について議論したヨーロッパ人の友人が翻訳を読みたがった。二人の空いている時間に、私は急いで口述し、友人は書き取った。直訳ではない忠実な訳である」(英語訳版序文)。友人とは、カレンバッハ(Kallenbach, Hermann. 1871-1945)です。ユダヤ系ドイツ人で建築設計家です。仏教への関心からガーンディーさんと共同生活をするようになり、サッティヤーグラハ闘争中、一一〇〇エーカーの土地をトルストイ農園として提供しました。一九一四年七月一八日、ロンドン経由で帰国するガーンディー夫妻に同行しますが、第一次世界大戦のためインドに入国できませんでした。「直訳ではない忠実な訳」はガーンディーさんの独立した著作としてよいと思われます。

本書は二〇章で構成され、読者と編集長との対話形式となっています。船上でのガーンディーさん自身の自問自答です。耳には、テロ行為を正当化する青年の声が鳴り響いていたでしょうし、心には、請願、院外活動の不毛さ、インドの政治状勢が重くのしかかっていたものと思われます。

「一　国民会議とその指導者たち」で「会議はイギリス統治を持続させる道具」とする読者を説得し、「二　ベンガル分割」で、ベンガル分割によってインドの真の目覚めが始まり、「その日からイギリス帝国は分割された」と説明します。さらに国民会議の指導者たちは穏健派と過激派に分裂したことも加えています。「三　不穏と不満」では、不満は現状を脱するために有益であるとしています。

「四　自治とはなにか」で、日露戦争で興奮している読者が「私たちは自国の旗を持ちます。日本のようにインドも自国の艦隊、自国の軍隊、自国の繁栄、そのときこそ、インドは全世界に名を挙げるでしょう」というと、それはインドがイギリスになることであり、私の考える自治ではないと否定します。「五　イングランドの状態」で、議会、政党政治を批判し、近代文明の欠陥であるとしています。「六　文明の哲学」では、「人間たちが物質的追求と身体的安楽を有意義であり人生の目的としている」文明は病気であると説明しています。「七　インドはなぜ滅んだか」で、病気である文明に罹っているイギリスがなぜインドを征服できたのか、という疑問に答えて、「私たちがインドを与えたのです」と説明します。「イギリス人たちは商売人の国民」、「ある国を支配するのは商売のため」、「軍隊と艦隊はただ商売を守るため」、「イギリス人たちの最高神はお金」、と例を挙げます。さらに、「この機会に気付いてもらいたいのですが、日本でイギリスの旗がはためいていると思ってください。イギリス人は日本と同盟を結びましたが、それは自分の商売のためです。日本でイギリス人たちは大いに商売しますよ」。最終章でのロシアへの言及を併せて読むと、ガーンディーさんは日英同盟の本質を見ていたように思われます。

「八　インドの状態」「九　インドの状態(続)――鉄道」「一〇　インドの状態(続)――ヒンドゥー教徒、イスラーム教徒」「一一　インドの状態(続)――弁護士」「一二　インドの状態(続)――医者」で、読者が積極的に評価しているものをつぎつぎと否定します。「イギリス権力の一つの主要な鍵は法廷ですし、法廷の鍵は弁護士たちです。もし弁護士たちが弁護士業を辞め、その職業を娼婦のように低いものとしたら、イギリス支配は一日で倒れるでしょう」。強調したかった点であるように思われます。

「一三　真の文明とはなにか」では、「文明とは、人間が自分の義務を果す行動様式です。義務を果すことは道徳を守ることです。道徳を守ることは、私たちの心と感覚器官を統御することです。このようにして、私たちは私たち自身を認識するのです。これはまさに、「よい(ス)」、つまり、よい行為(スダーロ)なのです」。「一四　インドはどのようにして解放されるか」で、西洋の教育を受け、その罠にはまって奴隷になった私たち自身が解放されれば、インドは隷属から解放される、と説き、「一五　イタリヤとインド」で、マッツィーニとガリバルディーを称讃する読者に両者の違いを述べ、武器による闘争の悲惨を説得します。

「一六　銃火」と「一七　サッティヤーグラハ――魂の力」で、サッティヤーグラハ(慈悲の力、魂の力)が解説されています。「一八　教育」で、私たちの隷属のために国民は奴隷となっているのです。私たちが解放されれば、国民も解放されます、と繰り返されています。「一九　機械」で国産品愛用を訴え、「二〇　解放」では、過激派、穏健派、イギリス人、西洋文明に汚染され、自治の声を挙げている人に呼び掛け、結論を出します。(1)自治は私たちの心の支配です。(2)その鍵はサッティヤーグラハ、魂の力あるいは慈悲の力です。(3)その力を行使するために、完全に国産品を使う必要があります。(4)私たちがしたいことは、イギリス人への敵意からではなく、罰するためではなく、そうすることが義務だからです。

本書出版後のサッティヤーグラハ闘争を見ることにします。

一九一三年三月一三日、ケープ植民地最高裁判所は、キリスト教式結婚のみが合法と裁定を出しました。これに反対するサッティヤーグラハ闘争には女性たちも参加しました。一一月六日、祈禱をすませてから神に誓って行進を開始した一団がありました。男性二〇三〇人、女性一二七人、子供五七人。ガーンディーさんは四日間に三度も逮捕されます。同月一七日、重労働三ヶ月の刑を受けます。一二月一八日に釈放されたガーンディーさんは、二一日の大会に出席します。年季契約労働者の一人として、ドーティー、クルター、チャッパル姿でした。

一九一四年一月一日、ダーバンから逮捕されるために行進すると発表しますが、鉄道全白人従業員がストライキに入り、政府は戒厳令を布くと、行進を中止します。

同年六月二七日、スマッツと会談をし、ヒンドゥー教徒、イスラーム教徒、パールスィー教徒の結婚は有効と認める、三ポンド税は廃止し、未払い金は不問とする、一九二〇年までに年季契約労働は廃止するとの、双方が完全な意見の一致を確認する書簡を交換しました。

七月一八日、ロンドン経由で帰国のため、二一年間にわたる南アフリカ滞在を終えたガーンディーさんは四五歳の壮年になっていました。貧しいインド人男女、子供たちが自尊心を守るために立ち上がり、その自己犠牲がガーンディーさんを変えさせたのでした。

翻訳には、普及版(Mohandas Karamchand Gandhi, *Hind svaraj*. Amdavad, Navajivan Prakashan Mandir, 1987〔© 1922〕)を用い、ファクシミリ版(*Hind svarajya*. Amdavad, Navajivan Prakashan Mandir, 1923.)、グジャラーティー語版全集第十巻(*Gandhijino akshardeh. Bhag 10*. Amdabad, Navajivan Prakashan Mandir, 1968.)、英語版全集第十巻(*The collected works of Mahatma Gandhi. Vol. 10*. The Publications Division, Ministry of Information and Broadcasting, Government of India, 1963.)、ヒンディー語版全集第十巻(*Sampurn Gandhi vangmay. Bhag 10*. Prakashan Vibhag, Suchna aur Prasaran Mantralay, Bharat Sarkar, 1964.)をそれぞれ参照しました。

本書を読みさらに研究しようとする方に、次の三点を特にお薦めしたいと思います。

長崎暢子「ガンディー『ヒンドゥ・スワラージ』」(『現代アジア論の名著』中央公論社、一九九二〔中公新書、一〇九三〕)。

同『ガンディー――反近代の実験』(現代アジアの肖像、八)岩波書店、一九九六。

「ガンディーが民族運動を指導するにあたって著した運動の宣言」「近代文明に対する

激しい弾劾の書」としています。

Parel, Anthony J. ed., *Hind Swaraj and other writings*. Cambridge, Cambridge University Press, 1997. (Cambridge texts in modern politics)

六二頁にわたる解説、特に、海外移住インド人の政治、付録に挙げられた文献解題などが貴重で、序文、典拠に挙げられたノルダウの書名の訂正をしています。

本書の翻訳には、高田雄種《おたね》「印度自治」(『ガンジー全集 3』春秋社、一九二七)、大山聡「ヒンド・スワラージュ(インドの自治)」(『世界大思想全集 社会・宗教・科学思想編 二二』河出書房新社、一九六二)がすでにあります。

東京大学名誉教授山崎利男(訳稿校閲)、東京外国語大学教授内藤雅雄(テキスト、資料提供)、同助教授佐藤和哉(イギリス人名チェック)、デリー大学講師クリシュンダット・シャルマー、デリー大学助教授クリシュンダット・パーリーワール、インディラー・ガーンディー・オープンユニヴァーシティー助教授リーターラーニー・パーリーワール(言語外現実解説)、武内宣子(ワープロ入力)の諸氏に感謝します。

編集者塩尻親雄氏から訳文、訳注、解説などについて、指摘、助言をいただきました。ありがたいと思っています。

真《しん》の独立《どくりつ》への道《みち》　M. K. ガーンディー著
ヒンド・スワラージ

2001 年 9 月 14 日　第 1 刷発行
2024 年 7 月 26 日　第 6 刷発行

訳　者　田中敏雄《たなかとしお》

発行者　坂本政謙

発行所　株式会社 岩波書店
〒101-8002 東京都千代田区一ツ橋 2-5-5
案内 03-5210-4000　営業部 03-5210-4111
文庫編集部 03-5210-4051
https://www.iwanami.co.jp/

印刷・精興社　製本・牧製本

ISBN978-4-00-332612-1　Printed in Japan

読書子に寄す

——岩波文庫発刊に際して——

岩波茂雄

真理は万人によって求められることを自ら欲し、芸術は万人によって愛されることを自ら望む。かつては民を愚昧ならしめるために学芸が最も狭き堂宇に閉鎖されたことがあった。今や知識と美とを特権階級の独占より奪い返すことはつねに進取的なる民衆の切実なる要求である。岩波文庫はこの要求に応じそれに励まされて生まれた。それは生命ある不朽の書を少数者の書斎と研究室とより解放して街頭にくまなく立たしめ民衆に伍せしめるであろう。近時大量生産予約出版の流行を見る。その広告宣伝の狂態はしばらくおくも、後代にのこすと誇称する全集がその編集に万全の用意をなしたるか。千古の典籍の翻訳企図に敬虔の態度を欠かざりしか。さらに分売を許さず読者を繋縛して数十冊を強うるがごとき、はたしてその揚言する学芸解放のゆえんなりや。吾人は天下の名士の声に和してこれを推挙するに躊躇するものである。このときにあたって、岩波書店は自己の責務のいよいよ重大なるを思い、従来の方針の徹底を期するため、すでに十数年以前より志して来た計画を慎重審議この際断然実行することにした。吾人は範をかのレクラム文庫にとり、古今東西にわたって文芸・哲学・社会科学・自然科学等種類のいかんを問わず、いやしくも万人の必読すべき真に古典的価値ある書をきわめて簡易なる形式において逐次刊行し、あらゆる人間に須要なる生活向上の資料、生活批判の原理を提供せんと欲する。この文庫は予約出版の方法を排したるがゆえに、読者は自己の欲する時に自己の欲する書物を各個に自由に選択することができる。携帯に便にして価格の低きを最主とするがゆえに、外観を顧みざるも内容に至っては厳選最も力を尽くし、従来の岩波出版物の特色をますます発揮せしめようとする。この計画たるや世間の一時の投機的なるものと異なり、永遠の事業として吾人は微力を傾倒し、あらゆる犠牲を忍んで今後永久に継続発展せしめ、もって文庫の使命を遺憾なく果たさしめることを期する。芸術を愛し知識を求むる士の自ら進んでこの挙に参加し、希望と忠言とを寄せられることは吾人の熱望するところである。その性質上経済的には最も困難多きこの事業にあえて当たらんとする吾人の志を諒として、その達成のため世の読書子とのうるわしき共同を期待する。

昭和二年七月

《哲学・教育・宗教》〔青〕

- ソクラテスの弁明・クリトン　プラトン　久保勉訳
- ゴルギアス　プラトン　加来彰俊訳
- 饗宴　プラトン　久保勉訳
- テアイテトス　プラトン　田中美知太郎訳
- パイドロス　プラトン　藤沢令夫訳
- メノン　プラトン　藤沢令夫訳
- 国家　全二冊　プラトン　藤沢令夫訳
- プロタゴラス ―ソフィストたち　プラトン　藤沢令夫訳
- パイドン ―魂の不死について　プラトン　岩田靖夫訳
- アナバシス ―敵中横断六〇〇〇キロ　クセノポン　松平千秋訳
- アリストテレス　ニコマコス倫理学　全二冊　高田三郎訳
- アリストテレス　形而上学　全二冊　出隆訳
- アリストテレス　弁論術　戸塚七郎訳
- アリストテレース詩学・ホラーティウス詩論　松本仁助・岡道男訳
- 物の本質について　ルクレーティウス　樋口勝彦訳
- エピクロス ―教説と手紙　出隆・岩崎允胤訳

- 生の短さについて　他二篇　セネカ　大西英文訳
- 怒りについて　他二篇　セネカ　兼利琢也訳
- エピクテトス　人生談義　全二冊　國方栄二訳
- 人さまざま　テオプラストス　森進一訳
- マルクス・アウレーリウス　自省録　神谷美恵子訳
- 老年について　キケロー　中務哲郎訳
- 弁論家について　全二冊　キケロー　大西英文訳
- キケロー書簡集　高橋宏幸編
- 平和の訴え　エラスムス　箕輪三郎訳
- 方法序説　デカルト　谷川多佳子訳
- 哲学原理　デカルト　桂寿一訳
- 情念論　デカルト　谷川多佳子訳
- パンセ　全三冊　パスカル　塩川徹也訳
- スピノザ　神学・政治論　全二冊　畠中尚志訳
- 知性改善論　スピノザ　畠中尚志訳
- スピノザ　エチカ（倫理学）　全二冊　畠中尚志訳
- スピノザ　国家論　畠中尚志訳

- スピノザ往復書簡集　畠中尚志訳
- デカルトの哲学原理 ―附 形而上学的思想　スピノザ　畠中尚志訳
- スピノザ　神・人間及び人間の幸福に関する短論文　畠中尚志訳
- モナドロジー　他二篇　ライプニッツ　谷川多佳子・岡部英男訳
- 市民の国について　全二冊　ヒューム　小松茂夫訳
- 自然宗教をめぐる対話　ヒューム　犬塚元訳
- エミール　全三冊　ルソー　今野一雄訳
- 人間不平等起原論　ルソー　本田喜代治・平岡昇訳
- ルソー　社会契約論　桑原武夫・前川貞次郎訳
- 言語起源論 ―旋律と音楽的模倣について　ルソー　増田真訳
- ディドロ　絵画について　佐々木健一訳
- 道徳形而上学原論　カント　篠田英雄訳
- 啓蒙とは何か　他四篇　カント　篠田英雄訳
- 純粋理性批判　全三冊　カント　篠田英雄訳
- カント　実践理性批判　波多野精一・宮本和吉・篠田英雄訳
- 判断力批判　全二冊　カント　篠田英雄訳
- 永遠平和のために　カント　宇都宮芳明訳

プロレゴメナ　カント　篠田英雄訳
学者の使命・学者の本質　フィヒテ　宮崎洋三訳
シュライエルマッハー 独白　木場深定訳
ヘーゲル 政治論文集 全二冊　金子武蔵訳
哲学史序論 —哲学と哲学史　ヘーゲル　武市健人訳
歴史哲学講義 全二冊　ヘーゲル　長谷川宏訳
法の哲学 —自然法と国家学の要綱　ヘーゲル　上妻精・佐藤康邦・山田忠彰訳
学問論　シェリング　西川富雄監・藤田正勝訳
自殺について 他四篇　ショウペンハウエル　斎藤信治訳
読書について 他二篇　ショウペンハウエル　斎藤忍随訳
知性について 他四篇　ショーペンハウエル　細谷貞雄訳
不安の概念　キェルケゴール　斎藤信治訳
死に至る病　キェルケゴール　斎藤信治訳
体験と創作 全二冊　ディルタイ　柴田治三郎・小牧健夫訳
眠られぬ夜のために 全二冊　ヒルティ　草間平作・大和邦太郎訳
幸福論 全三冊　ヒルティ　草間平作・大和邦太郎訳
悲劇の誕生　ニーチェ　秋山英夫訳

ツァラトゥストラはこう言った 全二冊　ニーチェ　氷上英廣訳
道徳の系譜　ニーチェ　木場深定訳
善悪の彼岸　ニーチェ　木場深定訳
この人を見よ　ニーチェ　手塚富雄訳
プラグマティズム　W・ジェイムズ　桝田啓三郎訳
宗教的経験の諸相 全二冊　W・ジェイムズ　桝田啓三郎訳
日常生活の精神病理　フロイト　高田珠樹訳
純粋現象学及現象学的哲学考案 全二冊　フッセル　池上鎌三訳
デカルト的省察　フッサール　浜渦辰二訳
愛の断想・日々の断想　ジンメル　清水幾太郎訳
ジンメル宗教論集　深澤英隆編訳
笑い　ベルクソン　林達夫訳
道徳と宗教の二源泉　ベルクソン　平山高次訳
時間と自由　ベルクソン　中村文郎訳
ラッセル教育論　安藤貞雄訳
ラッセル幸福論　安藤貞雄訳
存在と時間 全四冊　ハイデガー　熊野純彦訳

学校と社会　デューイ　宮原誠一訳
民主主義と教育 全二冊　デューイ　松野安男訳
我と汝・対話　マルティン・ブーバー　植田重雄訳
アラン 幸福論　神谷幹夫訳
アラン 定義集　神谷幹夫訳
天才の心理学　E・クレッチュマー　内村祐之訳
英語発達小史　H・ブラッドリ　寺澤芳雄訳
日本の弓術　オイゲン・ヘリゲル述　柴田治三郎訳
ことばのロマンス —英語の語源　ウィークリー　寺澤芳雄・出淵博訳
ヴィーコ 学問の方法　上村忠男・佐々木力訳
国家と神話 全二冊　カッシーラー　熊野純彦訳
天才・悪　ブレンターノ　篠田英雄訳
人間の頭脳活動の本質 他一篇　ディーツゲン　小松摂郎訳
プラトン入門　R・S・ブラック　内山勝利訳
反啓蒙思想 他二篇　バーリン　松本礼二編
マキアヴェッリの独創性 他三篇　バーリン　川出良枝編
ロシア・インテリゲンツィヤの誕生 他五篇　バーリン　桑野隆編

論理哲学論考　ウィトゲンシュタイン　野矢茂樹訳
自由と社会的抑圧　シモーヌ・ヴェイユ　冨原眞弓訳
根をもつこと　全二冊　シモーヌ・ヴェイユ　冨原眞弓訳
重力と恩寵　シモーヌ・ヴェイユ　冨原眞弓訳
全体性と無限　全二冊　レヴィナス　熊野純彦訳
啓蒙の弁証法　―哲学的断想　M・ホルクハイマー　T・W・アドルノ　徳永恂訳
ヘーゲルからニーチェへ　十九世紀思想における革命的断絶　全二冊　レーヴィット　三島憲一訳
統辞構造論　付『言語理論の論理構造』序論　チョムスキー　福井直樹　辻子美保子訳
統辞理論の諸相　方法論序説　チョムスキー　福井直樹　辻子美保子訳
快楽について　ロレンツォ・ヴァッラ　近藤恒一訳
古代懐疑主義入門　判断保留の十の方式　J・アナス　J・バーンズ　金山弥平訳
ニーチェ　みずからの時代と闘う者　ルドルフ・シュタイナー　高橋巖訳
フランス革命期の公教育論　コンドルセ他　阪上孝編訳
フレーベル自伝　長田新訳
旧約聖書　創世記　関根正雄訳
旧約聖書　出エジプト記　関根正雄訳
旧約聖書　ヨブ記　関根正雄訳

旧約聖書　詩篇　関根正雄訳
新約聖書　福音書　塚本虎二訳
文語訳　新約聖書　詩篇付
文語訳　旧約聖書　全四冊
キリストにならいて　トマス・ア・ケンピス　大沢章　呉茂一訳
聖アウグスティヌス　告白　全二冊　服部英次郎訳
アウグスティヌス　神の国　全五冊　服部英次郎　藤本雄三訳
新訳　キリスト者の自由・聖書への序言　マルティン・ルター　石原謙訳
キリスト教と世界宗教　シュヴァイツェル　鈴木俊郎訳
水と原生林のはざまで　シュヴァイツェル　野村実訳
コーラン　全三冊　井筒俊彦訳
エックハルト説教集　田島照久編訳
ムハンマドのことば　ハディース　小杉泰編訳
新約聖書外典　ナグ・ハマディ文書抄　荒井献　大貫隆　小林稔　筒井賢治　編訳
後期資本主義における正統化の問題　ハーバーマス　山田正行・金慧訳
シンボルの哲学　―理性、祭礼、芸術のシンボル試論　S・K・ランガー　塚本明子訳

ジャック・ラカン　精神分析の四基本概念　全二冊　ジャック＝アラン・ミレール編　小出浩之　新宮一成　鈴木國文　小川豊昭　訳
精神と自然　生きた世界の認識論　グレゴリー・ベイトソン　佐藤良明訳
人間の知的能力に関する試論　全二冊　トマス・リード　戸田剛文訳
開かれた社会とその敵　全四冊　カール・ポパー　小河原誠訳

《東洋文学》〔赤〕

楚辞　小南一郎訳注
杜甫詩選　黒川洋一編
李白詩選　松浦友久編訳
唐詩選　全三冊　前野直彬注解
完訳 三国志　全八冊　小川環樹・金田純一郎訳
西遊記　全十冊　中野美代子訳
菜根譚　洪自誠・今井宇三郎訳注
魯迅評論集　竹内好編訳
阿Q正伝・狂人日記 他十二篇 （吶喊）　魯迅・竹内好訳
歴史小品　郭沫若・平岡武夫訳
家　全二冊　巴金・飯塚朗訳
新編 中国名詩選　全三冊　川合康三編訳
唐宋伝奇集　全二冊　今村与志雄訳
聊斎志異　全二冊　蒲松齢・立間祥介編訳
李商隠詩選　川合康三選訳
白楽天詩選　全二冊　川合康三訳注
文選　全六冊　川合康三・富永一登・釜谷武志・和田英信・浅見洋二・緑川英樹訳注
曹操・曹丕・曹植詩文選　川合康三編訳
ケサル王物語 ―チベットの英雄叙事詩　アレクサンドラ・ダヴィッド＝ネール・アプル・ユンテン・富樫瓔子訳
バガヴァッド・ギーター　上村勝彦訳
ダライ・ラマ六世恋愛詩集　今枝由郎・海老原志穂編訳
朝鮮童謡選　金素雲訳編
朝鮮短篇小説選　全二冊　大村益夫・長璋吉・三枝壽勝編訳
尹東柱詩集 空と風と星と詩　金時鐘編訳
アイヌ神謡集　知里幸惠編訳
アイヌ民譚集 付 えぞおばけ列伝　知里真志保編訳
アイヌ叙事詩 ユーカラ　金田一京助採集並ニ訳

《ギリシア・ラテン文学》〔赤〕

ホメロス イリアス　全二冊　松平千秋訳
ホメロス オデュッセイア　全二冊　松平千秋訳
イソップ寓話集　中務哲郎訳
アイスキュロス アガメムノーン　久保正彰訳
アイスキュロス 縛られたプロメーテウス　呉茂一訳
アンティゴネー　ソポクレース・中務哲郎訳
ソポクレス オイディプス王　藤沢令夫訳
ソポクレス コロノスのオイディプス　ソポクレス・高津春繁訳
バッカイ ―バッコスに憑かれた女たち　エウリーピデース・逸身喜一郎訳
ヘシオドス 神統記　廣川洋一訳
女の議会　アリストパネース・村川堅太郎訳
アポロドーロス ギリシア神話　高津春繁訳
ダフニスとクロエー　ロンゴス・松平千秋訳
ギリシア・ローマ抒情詩選 ―花冠　呉茂一訳
オウィディウス 変身物語　全二冊　中村善也訳
ギリシア・ローマ神話 付 インド・北欧神話　ブルフィンチ・野上弥生子訳
ギリシア・ローマ名言集　柳沼重剛編

《南北ヨーロッパ他文学》(赤)

ダンテ 新生 山川丙三郎訳
夢のなかの夢 タブッキ 和田忠彦訳
カヴァレリーア・ルスティカーナ 他十一篇 G・ヴェルガ 河島英昭訳
カルヴィーノ イタリア民話集 全二冊 河島英昭編訳
むずかしい愛 カルヴィーノ 和田忠彦訳
パロマー カルヴィーノ 和田忠彦訳
カルヴィーノ アメリカ講義 ―新たな千年紀のための六つのメモ 米川良夫・和田忠彦訳
まっぷたつの子爵 カルヴィーノ 河島英昭訳
魔法の庭・空を見上げる部族 他十四篇 カルヴィーノ 和田忠彦訳
ペトラルカ ルネサンス書簡集 近藤恒一編訳
ペトラルカ 無知について 近藤恒一訳
美しい夏 パヴェーゼ 河島英昭訳
流刑 パヴェーゼ 河島英昭訳
祭の夜 パヴェーゼ 河島英昭訳
月と篝火 パヴェーゼ 河島英昭訳
ウンベルト・エーコ 小説の森散策 和田忠彦訳

バウドリーノ 全二冊 ウンベルト・エーコ 堤康徳訳
タタール人の砂漠 ブッツァーティ 脇功訳
ラサリーリョ・デ・トルメスの生涯 会田由訳
ドン・キホーテ 前篇 全三冊 セルバンテス 牛島信明訳
ドン・キホーテ 後篇 全三冊 セルバンテス 牛島信明訳
娘たちの空返事 他一篇 モラティン 佐竹謙一訳
プラテーロとわたし J・R・ヒメーネス 長南実訳
オルメードの騎士 ロペ・デ・ベガ 長南実訳
セビーリャの色事師と石の招客 他一篇 ティルソ・デ・モリーナ 佐竹謙一訳
ティラン・ロ・ブラン 全四冊 J・マルトゥレイ M・J・ダ・ガルバ 田澤耕訳
ダイヤモンド広場 マルセー・ルドゥレダ 田澤耕訳
完訳 アンデルセン童話集 全七冊 大畑末吉訳
即興詩人 全二冊 アンデルセン 大畑末吉訳
アンデルセン自伝 大畑末吉訳
ここに薔薇ありせば 他五篇 ヤコブセン 矢崎源九郎訳
フィンランド叙事詩 カレワラ 全二冊 リョンロット編 小泉保訳
王の没落 イェンセン 長島要一訳

イプセン 人形の家 原千代海訳
イプセン 野鴨 原千代海訳
令嬢ユリェ ストリントベルク 茅野蕭々訳
アミエルの日記 全四冊 河野与一訳
クオ・ワディス 全三冊 シェンキェーヴィチ 木村彰一訳
山椒魚戦争 カレル・チャペック 栗栖継訳
ロボット (R・U・R) チャペック 千野栄一訳
白い病 カレル・チャペック 阿部賢一訳
マクロプロスの処方箋 カレル・チャペック 阿部賢一訳
灰とダイヤモンド 全二冊 アンジェイェフスキ 川上洸訳
牛乳屋テヴィエ ショレム・アレイヘム 西成彦訳
完訳 千一夜物語 全十三冊 豊島与志雄・渡辺一夫・佐藤正彰・岡部正孝訳
ルバイヤート オマル・ハイヤーム 小川亮作訳
ゴレスターン サアディー 沢英三訳
王書 ―古代ペルシャの神話・伝説 フェルドウスィー 岡田恵美子訳
中世騎士物語 ブルフィンチ 野上弥生子訳
コルタサル短篇集 悪魔の涎・追い求める男 他八篇 木村榮一訳

- 遊戯の終わり　コルタサル　木村榮一訳
- 秘密の武器　コルタサル　木村榮一訳
- ペドロ・パラモ　ファン・ルルフォ　杉山晃・増田義郎訳
- 燃える平原　ファン・ルルフォ　杉山晃訳
- 伝奇集　J・L・ボルヘス　鼓直訳
- 創造者　J・L・ボルヘス　鼓直訳
- 続審問　J・L・ボルヘス　中村健二訳
- 七つの夜　J・L・ボルヘス　野谷文昭訳
- 詩という仕事について　J・L・ボルヘス　鼓直訳
- 汚辱の世界史　J・L・ボルヘス　中村健二訳
- ブロディーの報告書　J・L・ボルヘス　鼓直訳
- アレフ　J・L・ボルヘス　鼓直訳
- 語るボルヘス　―書物・不死性・時間ほか　J・L・ボルヘス　木村榮一訳
- 20世紀ラテンアメリカ短篇選　野谷文昭編訳
- フエンテス短篇集 アウラ・純な魂 他四篇　木村榮一訳
- アルテミオ・クルスの死　フエンテス　木村榮一訳
- 緑の家　全二冊　バルガス＝リョサ　木村榮一訳

- 密林の語り部　バルガス＝リョサ　西村英一郎訳
- ラ・カテドラルでの対話　バルガス＝リョサ　旦敬介訳
- 弓と竪琴　オクタビオ・パス　牛島信明訳
- ラテンアメリカ民話集　三原幸久編訳
- やし酒飲み　エイモス・チュツオーラ　土屋哲訳
- 薬草まじない　エイモス・チュツオーラ　土屋哲訳
- マイケル・K　J・M・クッツェー　くぼたのぞみ訳
- ミゲル・ストリート　V・S・ナイポール　小沢自然・小野正嗣訳
- キリストはエボリで止まった　カルロ・レーヴィ　竹山博英訳
- クァジーモド全詩集　河島英昭訳
- ウンガレッティ全詩集　河島英昭訳
- ゼーノの意識　全二冊　ズヴェーヴォ　堤康徳訳
- クオーレ　デ・アミーチス　和田忠彦訳
- 冗談　ミラン・クンデラ　西永良成訳
- 小説の技法　ミラン・クンデラ　西永良成訳
- 世界イディッシュ短篇選　西成彦編訳
- シェフチェンコ詩集　藤井悦子編訳

《ロシア文学》〔赤〕

オネーギン　プーシキン　池田健太郎訳
スペードの女王・ベールキン物語　プーシキン　神西清訳
狂人日記 他二篇　ゴーゴリ　横田瑞穂訳
外套・鼻　ゴーゴリ　平井肇訳
日本渡航記 ―フレガート「パルラダ」号より　ゴンチャロフ　井上満訳
貧しき人々　ドストイェフスキイ　原久一郎訳
二重人格　ドストエフスキー　小沼文彦訳
罪と罰 全三冊　ドストエフスキー　江川卓訳
白痴 全二冊　ドストエーフスキイ　米川正夫訳
カラマーゾフの兄弟 全四冊　ドストエーフスキイ　米川正夫訳
幼年時代　トルストイ　藤沼貴訳
戦争と平和 全六冊　トルストイ　藤沼貴訳
トルストイ民話集 人はなんで生きるか 他四篇　中村白葉訳
トルストイ民話集 イワンのばか 他八篇　中村白葉訳
イワン・イリッチの死　トルストイ　米川正夫訳
復活 全二冊　トルストイ　藤沼貴訳
人生論　トルストイ　中村融訳
かもめ　チェーホフ　浦雅春訳
ワーニャおじさん　チェーホフ　小野理子訳
桜の園　チェーホフ　小野理子訳
チェーホフ 妻への手紙 全二冊　湯浅芳子訳
ゴーリキー短篇集　上田進・横田瑞穂訳編
どん底　ゴーリキイ　中村白葉訳
ソルジェニーツィン短篇集　木村浩編訳
アファナーシエフ ロシア民話集 全二冊　中村喜和編訳
われら　ザミャーチン　川端香男里訳
プラトーノフ作品集　原卓也訳
悪魔物語・運命の卵　ブルガーコフ　水野忠夫訳
巨匠とマルガリータ 全二冊　ブルガーコフ　水野忠夫訳

《法律・政治》〔白〕

- 人権宣言集　高木八尺・末延三次・宮沢俊義編
- 新版 世界憲法集 第二版　高橋和之編
- 君主論　マキアヴェッリ／河島英昭訳
- フィレンツェ史 全二冊　マキァヴェッリ／齊藤寛海訳
- リヴァイアサン 全四冊　ホッブズ／水田洋訳
- 法の精神 全三冊　モンテスキュー／野田良之・稲本洋之助・上原行雄・田中治男・三辺博之・横田地弘訳
- 教育に関する考察　ロック／服部知文訳
- 完訳 統治二論　ジョン・ロック／加藤節訳
- 寛容についての手紙　ジョン・ロック／加藤節・李静和訳
- キリスト教の合理性　ジョン・ロック／加藤節訳
- ルソー 社会契約論　桑原武夫・前川貞次郎訳
- アメリカのデモクラシー 全四冊　トクヴィル／松本礼二訳
- リンカーン演説集　高木八尺・斎藤光訳
- 権利のための闘争　イェーリング／村上淳一訳
- 近代人の自由と古代人の自由・征服の精神と簒奪 他一篇　コンスタン／堤林剣・堤林恵訳
- 民主主義の本質と価値 他一篇　ハンス・ケルゼン／長尾龍一・植田俊太郎訳
- 外交談判法　カリエール／坂野正高訳
- 危機の二十年 ―理想と現実　E・H・カー／原彬久訳
- ザ・フェデラリスト　A・ハミルトン J・ジェイ J・マディソン／斎藤眞・中野勝郎訳
- アメリカの黒人演説集 ―キング・マルコムX・モリスン 他　荒このみ編訳
- モーゲンソー 国際政治 ―権力と平和 全三冊　原彬久監訳
- ポリアーキー　ロバート・A・ダール／高畠通敏・前田脩訳
- 現代議会主義の精神史的状況 他一篇　カール・シュミット／樋口陽一訳
- 政治的なものの概念　カール・シュミット／権左武志訳
- 第二次世界大戦外交史 全二冊　芦田均
- 憲法講話　美濃部達吉
- 日本国憲法　長谷部恭男解説
- 民主体制の崩壊 ―危機・崩壊・再均衡　ファン・リンス／横田正顕訳
- 憲法　鵜飼信成

《経済・社会》〔白〕

- 政治算術　ペティ／大内兵衛・松川七郎訳
- 国富論 全四冊　アダム・スミス／水田洋監訳 杉山忠平訳
- 法学講義　アダム・スミス／水田洋訳
- コモン・センス 他三篇　トーマス・ペイン／小松春雄訳
- 経済学における諸定義　マルサス／玉野井芳郎訳
- オウエン自叙伝　ロバアト・オウエン／五島茂訳
- 戦争論 全三冊　クラウゼヴィッツ／篠田英雄訳
- 自由論　J・S・ミル／塩尻公明・木村健康訳
- 大学教育について　J・S・ミル／竹内一誠訳
- 功利主義　J・S・ミル／関口正司訳
- イギリス国制論 全二冊　バジョット／遠山隆淑訳
- ユダヤ人問題によせて ヘーゲル法哲学批判序説　マルクス／城塚登訳
- 経済学・哲学草稿　マルクス／城塚登・田中吉六訳
- 新編輯版 ドイツ・イデオロギー　マルクス エンゲルス／廣松渉編訳 小林昌人補訳
- マルクス エンゲルス 共産党宣言　大内兵衛・向坂逸郎訳
- 賃労働と資本　マルクス／長谷部文雄訳
- 賃銀・価格および利潤　マルクス／長谷部文雄訳
- マルクス 経済学批判　武田隆夫・遠藤湘吉・大内力・加藤俊彦訳
- マルクス 資本論 全九冊　エンゲルス編／向坂逸郎訳
- トロツキー わが生涯 全二冊　森田成也・志田昇訳

- 空想より科学へ —社会主義の発展— エンゲルス 大内兵衛訳
- 帝国主義論 全二冊 ホブスン 矢内原忠雄訳
- 帝国主義 レーニン 宇高基輔訳
- 国家と革命 レーニン 宇高基輔訳
- ローザ・ルクセンブルク 獄中からの手紙 秋元寿恵夫訳
- 雇用、利子および貨幣の一般理論 全二冊 ケインズ 間宮陽介訳
- シュムペーター 経済発展の理論 全二冊 塩野谷祐一・中山伊知郎・東畑精一訳
- シュムペーター 経済学史 —学説ならびに方法の諸段階— 中山伊知郎・東畑精一訳
- 租税国家の危機 シュムペーター 木村元一・小谷義次訳
- 日本資本主義分析 山田盛太郎
- 恐慌論 宇野弘蔵
- 経済原論 宇野弘蔵
- 資本主義と市民社会 他十四篇 大塚久雄 齋藤英里編
- 共同体の基礎理論 他六篇 大塚久雄 小野塚知二編
- ユートピアだより ウィリアム・モリス 川端康雄訳
- 社会科学と社会政策にかかわる認識の「客観性」 マックス・ヴェーバー 富永祐治・立野保男訳 折原浩補訳
- プロテスタンティズムの倫理と資本主義の精神 マックス・ヴェーバー 大塚久雄訳

- 職業としての学問 マックス・ウェーバー 尾高邦雄訳
- 社会学の根本概念 マックス・ヴェーバー 清水幾太郎訳
- 職業としての政治 マックス・ヴェーバー 脇圭平訳
- 古代ユダヤ教 全三冊 マックス・ヴェーバー 内田芳明訳
- 宗教と資本主義の興隆 —歴史的研究— 全二冊 トーニー 出口勇蔵・越智武臣訳
- 世論 全二冊 リップマン 掛川トミ子訳
- 鯰絵 —民俗的想像力の世界— C・アウエハント 小松和彦・中沢新一・飯島吉晴・古家信平訳
- 贈与論 他二篇 マルセル・モース 森山工訳
- 国民論 他二篇 マルセル・モース 森山工編訳
- ヨーロッパの昔話 その形と本質 マックス・リュティ 小澤俊夫訳
- 独裁と民主政治の社会的起源 —近代世界形成過程における領主と農民— 全二冊 バリントン・ムーア 宮崎隆次・森山茂徳・高橋直樹訳
- 大衆の反逆 オルテガ・イ・ガセット 佐々木孝訳

《自然科学》〔青〕

- ヒポクラテス医学論集 國方栄二編訳
- 科学と仮説 ポアンカレ 河野伊三郎訳
- ロウソクの科学 ファラデー 竹内敬人訳
- 種の起原 全二冊 ダーウィン 八杉龍一訳
- 自然発生説の検討 パストゥール 山口清三郎訳
- 完訳ファーブル昆虫記 全十冊 山田吉彦・林達夫訳
- 科学談義 T・H・ハックスリ 小泉丹訳
- メンデル 雑種植物の研究 岩槻邦男・須原準平訳
- アインシュタイン 相対性理論 内山龍雄訳・解説
- 相対論の意味 アインシュタイン 矢野健太郎訳
- アインシュタイン 一般相対性理論 小玉英雄編訳・解説
- 自然美と其驚異 ジョン・ラバック 板倉勝忠訳
- ダーウィニズム論集 八杉龍一編訳
- ニールス・ボーア論文集1 因果性と相補性 山本義隆編訳
- ニールス・ボーア論文集2 量子力学の誕生 山本義隆編訳
- ハッブル 銀河の世界 戎崎俊一訳
- パロマーの巨人望遠鏡 全二冊 D・O・ウッドベリー 関正雄・湯澤博・成相恭二訳
- 生物から見た世界 ユクスキュル クリサート 日高敏隆・羽田節子訳
- ゲーデル 不完全性定理 八杉満利子・林晋訳
- 日本の酒 坂口謹一郎
- 生命とは何か —物理的にみた生細胞— シュレーディンガー 岡小天・鎮目恭夫訳

ウィーナー サイバネティックス ―動物と機械における制御と通信　池原止戈夫・彌永昌吉・室賀三郎・戸田巌 訳

熱輻射論講義　マックス・プランク　西尾成子 訳

コレラの感染様式について　ジョン・スノウ　山本太郎 訳

20世紀科学論文集 現代宇宙論の誕生　須藤靖 編

高峰譲吉文集 いかにして発明国民となるべきか　鈴木淳 編

相対性理論の起原 他四篇　廣重徹　西尾成子 編

岩波文庫の最新刊

カント著／大橋容一郎訳
道徳形而上学の基礎づけ

カント哲学の導入にして近代倫理の基本書。人間の道徳性や善悪、正義と意志、義務と自由、人格と尊厳などを考える上で必須の手引きである。新訳。
〔青六二五―一〕 定価八五八円

カント著／宮村悠介訳
人倫の形而上学
第二部 徳論の形而上学的原理

カント最晩年の、「自由」の「体系」をめぐる大著の新訳。第二部では「道徳性」を主題とする。『人倫の形而上学』全体に関する充実した解説も付す。（全二冊）
〔青六二六―五〕 定価一二七六円

高浜虚子著／岸本尚毅編
新編 虚子自伝

高浜虚子（一八七四―一九五九）の自伝。青壮年時代の活動、郷里、子規や漱石との交遊歴を語り掛けるように回想する。近代俳句の巨人の素顔にふれる。
〔緑二八―一一〕 定価一〇〇一円

末永高康訳注
孝経・曾子

『孝経』は孔子がその高弟曾子《そうし》に「孝」を説いた書。儒家の経典の一つとして、『論語』とともに長く読み継がれた。曾子学派による師の語録『曾子』を併収。
〔青二一一―一〕 定価九三五円

今月の重版再開

久保田 淳校注
千載和歌集
〔黄一三二―一〕 定価一三五三円

南原 繁著
国家と宗教
―ヨーロッパ精神史の研究―
〔青一六七―二〕 定価一三五三円

定価は消費税 10％ 込です　2024. 4

岩波文庫の最新刊

ゲルツェン著／金子幸彦・長縄光男訳
過去と思索（一）
人間の自由と尊厳の旗を掲げてロシアから西欧へと駆け抜けたゲルツェン（一八一二―一八七〇）。亡命者の壮烈な人生の幕が今開く。自伝文学の最高峰。（全七冊）
〔青N六一〇―二〕 定価一五〇七円

ゲルツェン著／金子幸彦・長縄光男訳
過去と思索（二）
逮捕されたゲルツェンは、五年にわたる流刑生活を余儀なくされた。「シベリアは新しい国だ。独特なアメリカだ」。二十代の青年は何を経験したのか。（全七冊）
〔青N六一〇―三〕 定価一五〇七円

復本一郎編
正岡子規スケッチ帖
子規の絵は味わいある描きぶりの奥に気魄が宿る。最晩年に描かれた画帖『菓物帖』『草花帖』『玩具帖』をフルカラーで収録する。子規の画論を併載。
〔緑一三―一四〕 定価九二四円

ハインリヒ・マン作／今井 敦訳
ウンラート教授
あるいは一暴君の末路
酒場の歌姫の虜となり転落してゆく「ウンラート（汚物）教授」を通して、帝国社会を諧謔的に描き出す。マレーネ・ディートリヒ出演の映画『嘆きの天使』原作。
〔赤四七四―一〕 定価一二二一円

今月の重版再開

揖斐 高訳注
頼山陽詩選
〔黄二三一―五〕 定価一一五五円

魯迅作／竹内 好訳
野草
〔赤二五―一〕 定価五五〇円

定価は消費税 10% 込です　　2024.5

岩波